D1660145

CHRISTIAN SEILER

Mein Hund Barolo

ANLEITUNGEN ZU EINEM MODERNEN HUNDELEBEN

MIT 60 ILLUSTRATIONEN VON GERHARD HADERER

VERLAG CHRISTIAN BRANDSTÄTTER

Liebe Freunde,

mein Hund Barolo ist jetzt schon fast vier Jahre und sieben Monate alt, das ist ein rundes Datum und damit Zeit für eine Zwischenbilanz. Vier Jahre, sieben Monate: Freude am herrlichsten Hovawart Mitteleuropas, wenn er neben dem Tisch sitzt und den Kopf schief hält, als hätte er ganz vergessen, daß er nicht dings, äh, betteln darf.

Mitleid mit Barolos Freunden, die nicht fürs Leben, jedoch für den restlichen Tag gezeichnet sind, vor allem, wenn sie hell und teuer gekleidet waren – der Hund begrüßt sie eben gern auf Augenhöhe.

Sorge um das liebste Vieh der Familie, wenn es eines abends übel hustet und am nächsten Morgen noch übler: Der Besuch beim Tierarzt rückt dann wieder alles ins rechte Lot, aber dieses Theater im Wartezimmer!

Diese Zwischenbilanz – Ihr habt sie in der Hand – ist hübscher geworden als ihr zusteht, weil sich der unvergleichliche Gerhard Haderer von der Idee beseelen ließ, meinen Hund Barolo für euch zeichnerisch neu zu erfinden. Haderer betrieb heftig Quellenstudium, damit ein schwarzer Hund auch von seiner Hand aussieht wie ein schwarzer Hund. Das ist ihm sehr geglückt – über das Gefühl, auch persönlich von Haderer zu einer Buchfigur veredelt zu werden, nur so viel: er hat es wirklich gut mit mir gemeint.

Zu diesem Buch ermuntern ließen wir uns übrigens nicht nur von der tollen Mannschaft des Christian Brandstätter Verlags samt Doktor B. persönlich, sondern auch von den zahlreichen Lesern der *Hund & Herrl*-Kolumne im *Freizeit*-Magazin des *Kurier*, die motivierend anfragten, wann denn mit dem Barolo-Buch zu rechnen sei – wieder einmal ein Beweis für den guten Instinkt von *Freizeit*-Chefredakteur Michael Horowitz, der die Kolumne vor vier Jahren und acht Monaten angeregt hat, übrigens nach einem gemeinsamen Ausflug ins Piemont. Dort heißen nicht die Hunde, sondern die Weinflaschen Barolo. Das brachten wir eines Abends durcheinander, so daß ich seither mit einem Barolo äußerln geh', statt ihn zu dekantieren.

Viel Freude also an den Geschichten im vorliegenden Büchlein, sie erzählen ein wirklich echtes, herrliches Hundeleben samt Herrl. Wenn es Euch gefällt, schenkt es nicht weiter, sondern kauft ein neues, der Erlös kommt meinem persönlichen Barolo-Hilfswerk zugute, in der Flasche und auf vier Pfoten.

C. S.

Die Schwierigkeiten fingen damit an,

daß ich an einem malerischen Herbstabend den Namen meines Hundes geschenkt kriegte: „Barolo“.

„Barolo“ ist ein Weltklasse-Name. Er riecht nach den feuerroten Weinbergen Angelo Gajas. Er schmeckt, wenn man sich mit geschlossenen Augen zurücklehnt, nach Waldbeeren und Rauch. Doch Seele, Seele! hat ein noch so exzellenter Barolo erst, wenn er mit dem Schwanz wedeln kann.

Mein Barolo kann mit dem Schwanz wedeln.

Sagen wir: Mein Barolo *wird* das können. Denn bevor er sich zum schnuckeligsten und seelenvollsten aller Intellektuellenköter entwickeln kann, muß er erst einmal zur Welt kommen. Daraus erklären sich meine Schwierigkeiten von selbst: Was für ein Weltklasse-Hund paßt zu diesem Weltkasse-Namen?

Ein Barolo, wie ich ihn meine, kann zum Beispiel nicht kleiner als eine auf ihre Breitseite gekippte Weinkiste sein. Dackel, Spaniel und Affenpinscher scheiden von vornherein aus, und ein Pudel schafft bekanntlich nicht einmal die Qualifikation zum Hund (Pudel = Pudel, tut mir leid). Ein Barolo, wie ich ihn mir vorstelle, ist so groß wie ein Lederkoffer für eine vierwöchige Reise, schwarz wie ein Roman von Charles Willeford, so freundlich wie mein Stammwirt Pepi Sodoma und hat eine Vorliebe für Singer-Songwriter aus dem Süden der USA, zum Beispiel den kürzlich verstorbenen Townes van Zandt.

Die ersten Fachgespräche, die ich in diesem Sinne zur Evaluierung meines Barolo führte, brachten keine Ergebnisse, die Aufschluß über die Marke des Hundes gegeben hätten. Die von mir beigezogenen Experten rieten mir vielmehr, das Anforderungsprofil an den Barolo zu überarbeiten und mit dem Anruf beim Zentralverband der Hundezüchter noch etwas zu warten. Es heiße außerdem nicht Marke, sondern Rasse.

DER UMSTAND,

daß ich mein Leben mit einem Hund teilen würde, sprach sich rasant herum. Lange, bevor ich fehlerfrei das Wort „Hunde-Enzyklopädie“ aussprechen konnte, war ich Besitzer eines Halsbands, einer Leine, einer optimistischen Schachtel Frolic (ihr Ablaufdatum stimmte genau mit dem Tag überein, an dem sie mir überreicht wurde) und acht Hundeknochen aus Gummi. Genaueres über die Flut von Druckwerken, die mich überschwemmte, werde ich später berichten. Nur soviel: Ich wußte nicht, daß es tatsächlich eine Zeitschrift gibt, die auf den einprägsamen Titel *Wuff* hört.

Die Veränderung, die mir zu denken gab, war jedoch nicht die bloße Anhäufung von Heimtierbedarf in meinen bis dato heimtierfreien vier Wänden. Es war das gewohnte zwischenmenschliche Kribbeln, das plötzlich ausblieb.

Plötzlich war ich kein Märchenprinz mehr, nicht einmal ein potentieller.

Ich war ein Herrl.

Die Blicke, die ich auffing, galten nicht mehr mir. Sie tasteten weder mein Gesicht, meinen Haaransatz, den schlanken Schwung meiner Körpermitte ab, zogen keine Rückschlüsse aus dem Glanz meiner Schuhe oder der Schärfe meiner Bügelfalte. Die Blicke gehörten zu einem pauschalen Freundlichkeitspaket, das sich in einem asexuellen, zeitlosen, unverbindlichen, aber dafür um so zähnegebleckt freundlicheren Lächeln formulierte – und jener Frage, mit der zu leben ich mich offenbar entschieden habe: „Isses ein Manderl oder ein Weiberl?"

Nicht: „Bist du ledig oder liiert?" Nicht: „Gehen wir zu dir oder zu mir?" Nein. Sondern: „Wasissendasfüreiner? Herzig. Ganz lieb." Fehlt gerade noch, daß man mir die Hand auf den Kopf legt, ein bißchen die Schädelplatte tätschelt und mit gespitzten Lippen sagt: „Braaav!"

Könnte sein, daß es klüger ist, sich zuerst den Hund zu besorgen und dann drüber zu sprechen.

und blätterte mich durchs Hunde-Bilderbuch. Sparte mir die Einführung mit den geschichtlichen Details zur Entwicklung der Gattung, übersprang die bunten Graphiken mit den Wolf-Weit-Wander-Wegen um die Welt und ließ mich auch nicht von den Photos der herzigen Welpen korrumpieren, *sooolieb*, Pointe bekannt.

Ich steuerte vielmehr direkt den Katalogteil der Enzyklopädie an. Der Katalogteil tut so, als ob er eine absichtslose Übersicht über alle Hunde dieser Welt wäre, dabei ist er bloß eine papierene Verkaufsausstellung. Ja, ich war in Not: Nach monatelangem, ernsthaft und/oder sentimentalem Geschwätz brauchte ich jetzt endlich eine seriöse Grundlage, um den papierenen Hundenamen „Barolo“ mit einem Lebewesen zu schmücken.

Den Katalogteil des Hunde-Bilderbuchs mußt du dir erst einmal verdienen. Freundlich lächelnd liest du vertraut klingendes Vokabular, das jedoch völlig unverständlich ist: Herrlvokabular. Ein Herrl muß die Worte „Widerristhöhe“, „Behänge“ und „Nasenschwamm“ kennen wie nichts. Den „Widerrist“ erklärt der Duden, wenn er gerade zur Hand ist, als „erhöhten Teil des Rückens bei Vierfüßern“. Das „Be-“ oder aber auch „Gehänge“ meint – nein –, kein primäres

Geschlechtsorgan des Bubenhundes, sondern die sympathische Angewohnheit seines Ohrwaschels, schlapp zu sein. Weil der Duden gerade Sprechstunde hat: der Schwanz heißt Rute, und ein Nasenschwamm ist ein Nasenschwamm.

Schon war ich sehr klug. Blätterte auf Seite 256 meines Luxus-Bilderbuchs *(Bruce Fogle: BLV Enzyklopädie der Hunde. Verlag BLV)*.

Dort sah ich ihn dann, schwarz wie Gott ihn schuf, und doch kein Labrador-Retriever, der, wie meine Bekannte Carla B. aus NÖ geradezu apodiktisch formulierte, „selbstverständlich" der einzige Hund sei, der den Namen „Barolo" tragen dürfe, „was sonst"?

Was sonst?

ES IST JA NICHT SO,

daß jeder einen Hovawart kriegt. Ein Hundezüchter ist schließlich kein Dienstleistungsunternehmen, und die Tatsache, daß du in der Hunde-Enzyklopädie auf Seite 256 einen Kerl gefunden hast, dessen G'schau dir gefällt, figuriert unter Hundezüchtern unter: „Unter Ausschluß des Rechtswegs".

Das heißt, daß du gut daran tust, deinen Kasten nach einem eleganten Anzug für das Vorstellungsgespräch zu sortieren.

Nein, das ist *überhaupt* nicht übertrieben.

Es schaut nämlich so aus, daß die über ganz Österreich verteilten Hovawart-Züchter beschlossen haben, ihre Viecherln erstens teuer und zweitens lieber gar nicht zu verkaufen, was erstens für die Viecherln und zweitens eh für die Züchter spricht, drittens aber uns nicht wahnsinnig weiterhilft, weil wir ja weder Züchter noch Hovawarte sind und daher nicht ohne Hilfe von außen zu einem kleinen, schwarzen H.-Lebewesen kommen, das auf den Namen Barolo hört.

Mehrere Telefongespräche. Unangenehme Begegnungen mit bellenden Anrufbeantwortern. Endlich eine Verbindung zur einzig kompetenten Person, die Bescheid darüber weiß, wann ihre Hündin (ungefähr) wieder trächtig werden wird, so daß (aha!) 63 Tage später der kleine Barolo einer der Ratzen ist, der von der Hündin zum Hovawart hochgesäugt wird.

Uff.

Nicht, daß du glaubst, dieses Telefongespräch wäre eine ausreichende Grundlage dafür gewesen, daß man mich auf eine Liste gesetzt hätte, sagen wir, auf Platz vier oder sechs, was eine Garantie gewesen wäre, daß ich zu einem gewissen Termin tatsächlich Papa oder Onkel – oder was man halt so sagt – von meinem Hund geworden bin (werden würde).

Nix.

Wann ich mich vorstellen komme. Weil nämlich nicht jeder einen Hovawart kriegt. Wenn ich ein Photo vom Garten mitbringen könnte, bittedanke.

Dann machten wir einen Termin aus (und damit du dir nicht verarscht vorkommst, verrate ich dir schon jetzt, daß eh alles gut ausging).

ins Alpenvorland, um mich bei den Herrln von dem Hund vorzustellen, dessen Nachkommenschaft mich selbst zum Herrl erheben würde. Es war aufregend. Ich trug einen festlichen Janker, nicht zu elegant, das hätte mich nämlich möglicherweise als Urbanist denunziert, dazu Blutschien-Hosen und Goiserer mit Vibram-Sohle. Das Auto war außen sauber, innen dreckig, wie man sich halt vorstellt, daß ein Hundsviech aus dem Alpenvorland es gern hat.

Das große Hundsviech, das dazu auserlesen war, mein kleines Hundsviech auf die Welt zu bringen, war durchaus munter und versuchte, meine Brille zu fressen. Dann gab's Tee und Hundekekse und eine merkwürdige Unsicherheit am Verandatisch, wo das Vorstellungsgespräch mit den Züchtern stattfand.

Konnte es tatsächlich wahr sein, daß professionelle Zuchtwarte, die mit ihrer Pracht-Hovawartin ins befreundete Ausland reisen, um sie von einem holländischen Hovawart-Löwen würdig decken zu lassen (inkl. Spaß für alle und eine hohe Qualitätsspermien-Dichte für sie) – konnte es tatsächlich wahr sein, daß diese freundlichen Fachleute nicht wissen, ob die rundherum zufriedenstellend verlaufene Besamung auch tatsächlich ihren Zweck erfüllt haben würde, nämlich meinen kleinen Barolo, der ungeboren im Weltall Gassi ging, endlich in den Bauch eines Lebewesens, vorzugsweise im Alpenvorland, zu befördern? Gibt's denn beim Tierarzt keinen Schwangerschaftstest? War die Hündin überhaupt trächtig geworden?

Wissmanicht, sagten die Züchter. Sie benimmt sich so, aber sicher ist das erst, wenn sie wirft. Rufen Sie in zwei Monaten wieder an.

Ich tätschelte den Kopf der Hündin, die sich vielleicht in anderen Umständen befand, und verließ das Alpenvorland, während an mir eine grobgestrickte Unsicherheit nagte: Hatte ich als Herrl einen minderen Eindruck hinterlassen? Oder war mein Kraftfahrzeug zuwenig dreckig gewesen?

DANN IST DER HUND ENDLICH AUF DER WELT,

und schon beginnt die pädagogische Ausbildung. Diese betrifft ausschließlich das Herrl. Der Hund ist nämlich ausreichend damit beschäftigt, zu trinken und zu schlafen und in seiner Freizeit die Zitzen der Mutter nicht aus den Augen zu lassen.

Das Herrl aber (= ich) muß lernen, mit dem fragend-skeptischen Gesichtsausdruck seiner Umwelt zu leben.

1. Hast du dir das *wirklich* überlegt?
2. Weißt du eigentlich, wann so ein Hund aufsteht, um Gassi zu gehen?
3. Wohin tust du den Hund, wenn du auf Urlaub fährst?

(Ich spreche gar nicht von den anhaltenden Diskussionen um den brillanten, dem besten Wein des Piemont nachempfundenen Namen „Barolo" für mein Hovawart-Weiberl. Erst unlängst mußte ich einem Rudel von Nachwuchs-Satirikern zuhören, denen witzige, aber geschlechtsspezifische Alternativ-Vorschläge zu Barolo einfielen. Ich nenne nur „Barilla", dessen Urheber, das Nudelaug', von mir auf ewige Zeiten mit Rotwein-Verbot belegt wurde.)

Zum obigen Fragenkatalog:

Ad 1: Wirklich!

Ad 2: Nein. Ich vermute, etwa zwanzig Minuten,

nachdem *ich* aufgestanden bin, denn den Wohnungsschlüssel kriegt der Barolo erst, wenn er in die Mittelschule geht.

Ad 3: Auf den Rücksitz meines Autos.

Übrigens wurde ich ins Alpenvorland bestellt, wo der Barolo wohnt, um ihm eine Decke zu bringen. Nein, es ist ihm eh nicht kalt, denn er hat ein schwarzes Fell, das immer lockigere Locken kriegt. Außerdem besitzt er, da er der Dickste seines Wurfs ist, bereits das Gewicht einer gut eingeschenkten Doppel-Doppel-Magnum-Flasche Wein (= sechs Liter). Die Decke aber wurde von Barolos Mutter angefordert. Sie wird sich dort ein bißchen ausruhen, damit das Gewebe ihren Geruch annimmt. Der Barolo aber wird, wenn er das Alpenvorland verlassen hat, wenigstens mit dem Duft seiner Mutter ein bißchen kuscheln können.

Müde. Er ist müde.

Er setzt sich langsam auf seine Hinterläufe, fährt sich mit der Zunge über die Schnauze, erwischt eine übriggebliebene Haferflocke vom Frühstück, dann fällt er, ein bißchen eckig, in sich zusammen. Legt das Kinn auf den Boden, deckt sich mit seinen langen Ohren zu und zwinkert, jedoch nicht ausführlich. Schon schläft er. Braver Hund.

Müde. Ich bin müde. Aber ich schlafe nicht. Es ist hell, die Sonne sticht schon ein bißchen, und in den schattigen Ecken ist kein Platz, denn dort schläft der Hund. Er schläft in *allen* schattigen Ecken, weil er nämlich alle Schlafdefizite der Welt hat.

Es wäre gelogen, wenn ich sagte, daß mich das überrascht. Der Kleine ist spät schlafen gegangen und früh aufgestanden. Um genau zu sein, ist er *sehr* spät schlafen gegangen und *unglaublich* früh aufgestanden. Dazwischen hat er schlafgewandelt, und zwar auf mir.

Die Tatsachen stellen sich so dar, daß der Hund um vier meinen Unterarm fressen wollte. Um fünf mußte er pinkeln (brav, Barolo!). Um sechs mußte er kacken (braaav, Barolo!), und um punkt sieben stand er vorwurfsvoll vor der leeren Futterschüssel und sagte mir mit einem einzigen Aufschlag seiner nachsichtslosen, braunen Augen: „In meinem Futterplan steht: Frühstück – sieben Uhr. Knorr Himmeltau mit reichlich Honig. Wie rechtfertigen Sie die Verzögerung?“ (Zu den Essenszeiten ist der Barolo mit mir per Sie.)

Ich versuchte meine Läßlichkeit mit einer Extraportion Honig in den Haferflocken aufzuwiegen, was dazu führte, daß dem Barolo der Imbiß zu süß war und er ihn verschmähte. Okay, okay, er kriegte seine Haferflocken eh in der richtigen Würze, allerdings erst um Viertel nach sieben.

Weißt du übrigens, was man um Viertel nach sieben zuweilen ist?

Müde.

ER IST HERZIG,

aber ein bißchen weniger herzig, als er aussieht. Es ist nämlich so: er weiß, daß er herzig ist. Er ist im Vollbesitz der Information, daß alle Tanten und Onkel, die in diesen Tagen Barolo schauen kommen, ohnmächtig umfallen, wenn er sich auf seinen kleinen Hintern setzt, den kleinen Kopf mit dem ganz kleinen, weißen Fleck am Kinn ein klein wenig schief legt und mit den kleinen, braunen Kulleraugen blinzelt.

Es ist das für ihn nicht mehr als ein soziologischer Test mit umgekehrter Versuchsanordnung, wenn er mit einem Mindesteinsatz von persönlichen Mittel dieses verklärte Lächeln in die Menschengesichter zaubert. Ich hab ihm zugehört, als er einem älteren Artgenossen – dem zauberhaft milden Labrador-Sennenhund-Mischling beim Bründlmayer-Heurigen in Langenlois – sein Rezept ins Ohr hauchte: „Du mußt die Herrln einkochen, bevor sie dich einkochen."

Der Heurigenhund mit dem lebensweisen, grauen Gesicht wußte nicht, wovon der Barolo sprach, sein psychologisches Verständnis war von viel zu vielen Kindern aus den Ohrwascheln gemolken worden. Der Barolo aber hörte nicht auf klugzuscheißern: „Das Kindchenschema, Kollege! Solange du klein bist, haben sie gar keine andere Chance, sie *müssen* dich herzig finden. Gesetz der Schöpfung!“ Der alte, kantige Köter seufzte und verzog sich in den Schatten.

Der Barolo aber machte es wie eine fesche, junge Frau, die ganz zufällig einen Blick auf den braungebrannten Oberschenkel freigibt, wenn sie sich setzt, die Beine übereinanderschlägt und so tut, als hätte sie noch nie davon gehört, daß so ein Blick in Männerhirnen ganz automatisch ein Achtel Testosteron zum Ausschütten bringt. Er legte den Kopf schief, kugeläugelte und kriegte, als die Kellnerin aus ihrer Ohnmacht erwacht war, frisches Wassi, eine gehörige Streicheleinheit und die mündliche Garantieerklärung, daß kein Hund herziger sei als der Barolo.

Alles Trick 17.

SIE FRAGEN DICH ALLE.

Nachdem sie die spitzen Schreie des Entzückens ausgestoßen haben („Schau, René, ein Baby-Wau-Wau“), wollen sie wissen, wie alt der Köter ist.

Was antwortest du? Wenn du dich an die Tatsachen hältst und „dreizehn Wochen“ sagst, stößt du damit auf dieselbe Begeisterung wie mit „elf“ oder „vierzehn“ Wochen, die Menschen freuen sich ganz brüderlich an der bloßen Existenz deines Baby-Wau-Waus. Wenn es dir zu fad ist, stets dieselbe Litanei herunterzubeten, mußt du deine Antworten also ein bißchen variieren.

Bei „vier Tagen“ kriegst du schon ein paar gerunzelte Stirnen zu sehen, über die ein Schatten von Mißtrauen kriecht. Dieses Mißtrauen formuliert sich in der Frage „Wasissendasfüreiner?“, auf die du dir halt eine passende Antwort ausdenken mußt. „Schwarzes Corneille-Schaf“ macht sich ganz gut oder ein bellend vorgetragenes „Gnu“. Es ist dann mit den Verbrüderungen bald einmal vorbei.

Geradezu verblüffenden Erfolg erzielte ich mit der Antwort, der Hund sei schon drei Jahre alt, er *wirke* bloß so jung, weil ihm der Tierarzt diese Spritze verabreicht habe.

Eine Frau mit klassischer lila Perücke lief mir darauf ungefähr einen halben Kilometer weit nach und wollte Genaueres über die Spritze erfahren. Sie erinnerte mich in ihrer Hartnäckigkeit frappant an meine Tante Reni, die mein Freund Mike eines Nachts in Partystimmung angerufen und aus dem Bett geläutet hatte.

„Hier spricht Abbas Rahimi. Wann soll ich liefern Shiraz, was Sie haben bestellt?“

„Ich hab keinen Shiraz bestellt.“

„Doch. Hier steht.“

Mike mußte sich irgendwann vor Lachen ausschütten und gab sich als Student zu erkennen, der, bitte vielmals um Entschuldigung, sich einen Scherz erlaubt habe. Darauf Tante Reni: „Und was ist jetzt mit meinem Teppich?“

Ich sagte also, es handle sich bei der Spritze um ein Ginseng-Präparat, mehr dürfe ich nicht verraten, nur soviel: Ich hoffe, gnä' Frau, Sie haben das Gen-Volksbegehren nicht unterschrieben!

das sowieso nicht, und ich könnte nicht einmal sagen, daß er kein Herz für Bildung hat. Man würde, wenn es nicht so aufgelegt wäre, sogar sagen, daß der kleine, schwarze Hund Bücher geradezu verschlingt.

Mein Bücherregal stammt aus Zeiten, als ich die Druckwerke der Weltliteratur noch ebenerdig einzuordnen pflegte. Im Erdgeschoß meiner Wohnung hatten sie nur zwei Feinde: den Staub und mich. Das ist anders geworden. Jetzt sind wir drei.

Der Barolo suchte sich zuerst einen Band aus, der zwar kostspielig, aber nicht unersetzlich, weil noch im Handel war: Herbert Hackers gesammelte Restaurantkritiken *(Der kleine Hakker)*. Das konnte ich nachvollziehen. Hacker schreibt ausgesprochen kulinarisch; er tut nicht über die hohe Kunst des Genießens herumphilosophieren, sondern sagt, wo es ihm schmeckt und warum und wo nicht. Der Barolo schätzt so eine klare Ausdrucksweise.

Überraschend daher, daß er anschließend Paul Virilios *Der rasende Stillstand* gefressen hat. Ich meine, was für ein Hund interessiert sich schon für Sätze wie diesen: „Für Einstein unterschied lediglich die Dauer ihrer Gültigkeit eine richtige von einer falschen Theorie: einige Jahre, einige Jahrzehnte für die eine, einige Momente, einige Tage für die zweite ..." Mit dem französischen Philosophen der Neuen Medien fragt der Barolo, wenn er sich nicht gerade den Schwanz kämmt: „Ist es mit den Bildern nicht dasselbe?"

Den obersten Rang auf Barolos Leseliste nimmt allerdings seit neuestem ein Roman des kauzigen Autors von *E. T.*, des Amerikaners William Kotzwinkle, ein. Sein Buch heißt *Ein Bär will nach oben*, und der Barolo liebt es uneingeschränkt, weil niemals zuvor in der Literatur so ungeschminkt das Problem der Intimpflege bei Hunden behandelt wurde.

Es ist ganz offensichtlich,

warum der Barolo so für William Kotzwinkle schwärmt. Der Mann versteht was von Hunden, sagt der Barolo.

Wenn es eindunkelt, höre ich jeden Tag das Tapsen meines Hundes, der mit seinem inzwischen reichlich versifften Exemplar von *Ein Bär will nach oben* antrottet. Daraus muß ich ihm vorlesen. Der Bär läßt den Barolo übrigens kalt. Er will hören, wie das damals im Wohnzimmer des Holzfällers Vinal Pinette war, als der Hund mit seinem Schwanz rhythmisch auf den Boden pochte.

„Der Hund schaute hoch, weil er auf das Molasseplätzchen scharf war, das Pinette gerade in seinen Tee tunkte. Der Hund sah, daß auf einem Teller daneben noch mehrere lagen, und so ein Plätzchen wäre jetzt genau das Richtige. Wenn er keins bekäme, würde er sich eben weiter die Eier lecken, das wirkte immer beruhigend."

An dieser Stelle schaut mich der Barolo vorwurfsvoll an. Er will damit sagen, daß ich auch so ein Arsch bin wie Vinal. Selbstverständlich teilt der Barolo die Meinung des Hundes, daß Plätzchenmangel gesundheitsschädlich ist. „Es ist Winter, ich bin ein Hund und kann nur durchhalten, wenn ich mir die Eier abschlecke und Plätzchen fresse." Das kann der

Barolo voll unterschreiben. Außer, daß jetzt Sommer ist und er keine Eier hat, weil er ein Weibchen ist.

Vinals Hund kriegt am Ende eh sein Plätzchen. Er verschlingt es auf einen Sitz. Dabei denkt er: „Schade, daß ich mich nicht bremsen kann. Wenn ich das Plätzchen in kleine Stücke zerbeißen würde, hätte ich länger was davon. Aber irgendwie kann ich mich im Augenblick der Leidenschaft nicht zurückhalten."

Der Barolo nickt zufrieden. Das ist psychologische Literatur, kein fader Quatschroman von Stefan Zweig oder August Strindberg. Zufrieden geht er in den Garten, pischen.

auf den Barolo. Erstens ist er schön. Zweitens kriegt er leckere Sachen zu fressen, die *ich* kaufen muß, und zwar dreimal täglich. Seine Gegenleistung besteht darin, mir schöne Augen zu machen, wenn ich seinen Napf fülle und in der Nacht an der Tür zu kratzen, damit ich ihn rauslassen und ihm dankbar sein kann, daß er mir nicht ins Zimmer pischt.

Drittens, und da beginnt mein Neid zu klingeln, kann er nicht nur schlafen, *wann* er will, sondern vor allem, *wo* er will. Fällt mitten im Garten, nachdem er gerade noch den Rapid-Ball mit den Filzstift-Unterschriften der ganzen Mannschaft gründlich von denselben gereinigt hat, um und ist hinüber. Legt sich unter den Tisch vom Grünauer und verschläft das Wildschwein-Krautfleisch, labt sich dafür anschließend an den Weichholz-Möbeln.

Viertens darf er sich von allen Wohlmeinenden angreifen lassen, ohne daß das Anstoß erregte. Fünftens finden es alle Wohlmeinenden herzig, wenn er Schnackerl hat, reagieren sechstens mit Heiterkeit, wenn er einen fahren läßt, und mindestens ich finde es siebentens eine ganz vortreffliche Idee, wenn der Barolo in einer Wiese, die nicht mein Garten ist, seinen Haufen macht.

Stellt euch das einmal vor: Niemals falsch angezogen sein; keine Zähne putzen müssen; keine Ahnung, was das ist, was in der Früh zum Aufstehen klingelt; keine Geldsorgen und trotzdem Rehfilet beim Sodoma essen; keine Löcher in den Schuhen; niemals in Gefahr, den Führerschein abgeben zu müssen; kein Chef, der etwas anderes als Spazierengehen anschafft; kein Arbeitstag, der nicht anfängt und nicht aufhört und dazwischen nicht kürzer wird.

Wenn ich so neidig auf den Barolo bin, muß ich ihn immer ins Auto sperren. Weil dann weiß ich: Jetzt ist der Hund neidig auf den, der den Schlüssel hat, und damit kann ich dann eine Viertelstunde lang leben.

MORGENS.

Ich gehe in die Arbeit, telefoniere mit ein paar berühmten Menschen im Ausland, erfahre kostbare Neuigkeiten und kehre abends reicher und klüger nach Hause zurück. Nur: Als ich heimkomme, ist der Barolo in der Pubertät.

Spotte du nur. Jeder Hund kommt einmal in die Pubertät, auch dein Pudelhauben-Imitat aus Alpaca-Wolle. Der Barolo halt jetzt.

Ich kann dir übrigens verraten: Selbst ein schöner, braver, einfühlsamer, kunstsinniger, schlagfertiger Kinderhund (= Barolo) verwandelt sich von heute auf morgen in eine gigantische Arschgeige, wenn er nämlich in die Pubertät kommt.

Abends. An der Eingangstür die üblichen Begrüßungszeremonien, nur daß der Hund meinen Unterarm nicht mehr ausspucken will. Ich, gut gelaunt, weil reicher und klüger: „Schon gut, lieber Barolo!" Mach mir Gedanken über die Abendmahlzeit. Kohlsprossen mit Gorgonzolasauce, schmatz, dazu einen Zweigelt vom Strell aus Radlbrunn.

Den Käse aus dem Eisschrank geholt, schnell pinkeln gegangen. Barolo mit ins Klo, will unbedingt aus der frisch gefüllten Schüssel trinken. Komisch, er hat Schaum vorm Mund. Komisch, der Schaum riecht nach GORGONZOLA. Ich (hysterisch): „Barolo!" Hat mir der Arsch den Gorgonzola vom Küchentisch gefressen. Ich (pädagogisch hysterisch): „Dasdarfstdunichtblabla“, als ich merke, daß der Barolo auch auffällig viel Mohn zwischen den Zähnen hat. Auffällig viel! Kreisch! Meine Nachspeise! Waldviertler Mohntascherln vom Meinl am Graben, öS 78,–! Jammer!

In der Gebrauchsanweisung für Hovawarthunde steht, daß sie, sobald in der Pubertät, von einem Tag auf den anderen vergessen, was sie schon wußten, fressen, was sie kriegen, beißen, was sie erwischen, ausprobieren, wieviel sie aus dem Napf des Herrls naschen dürfen.

Schluchz. Ich weine über das Ende der Kindheit und den Abschied vom Gorgonzola.

die helle Freude. Kann ich jedem empfehlen. Du gehst nicht zwanzig Meter an einem Kanal entlang, schlenderst über keinen Campo, promenierst keine Minute lang am Sandstrand des Lido, ohne daß nicht die schönsten aller Frauen mit wehender Mähne schnurstracks auf dich zusteuern, als ob es nämlich kein lohnenderes Ziel gäbe als dich, heute im verknautschten, grauen Wollanzug.

Es ist mir ja nicht grundlegend was Neues, daß die Anwesenheit eines Hundes bekanntschaftsstiftend sein kann. Man hat, kaum lernt man sich kennen, was zu reden. „Wåsissñdåsfüreiñer“ ist die berühmte Hietzinger Eröffnung, auf die ich entweder mit einem neutralen „der-Er-ist-eine-Sie“ reagiere oder, wenn ich sehr lustig aufgelegt bin, mit einem schlichten „Barolo“. Das provoziert in der Regel die verdutzte Gegenbemerkung: „Ich dachte, ein Barolo ist ein Wein“, und dann kann ich schon anfangen, meine G'schichteln zu drucken, um es auf Hochdeutsch zu sagen.

Wie anders in Venedig. Dort hält sich keine der Damen lang mit Redensarten auf. Dort sagen sie dir zuerst, daß dieser Hund „schön“, „ungewöhnlich schön“, „phantastisch schön“ oder überhaupt „ein Wunder“ sei, da muß dir erst einmal was drauf einfallen außer einem Schweißausbruch; dann fragen sie dich kurz, was das überhaupt für ein Hund sei, und wenn du antwortest, „ein Hovawarthund", ist ihnen das vollkommen wurscht, weil „Hovawarthund" können sie sich nicht merken, und dann reden sie sowieso sofort von was anderem, kommen nämlich direkt zur Sache, ohne Umschweife, legen ihre Hand auf den Kopf vom Barolo, der das ohne Anzeichen von Unruhe über sich ergehen läßt, schauen dich an, daß dein Anzug von allein frische Bügelfalten kriegt ...

Und dann?

Keine Ahnung. Das nächste Mal, wenn ich mit dem Barolo nach Venedig fahr', mach' ich vorher einen Italienisch-Kurs.

Ein blaues Aug'.

Der Barolo hat sich ein blaues Aug' eingefangen, und für alle von euch, die jetzt glauben, witzig sein zu müssen: Nein, der Barolo ist *kein* Malamuthund, und er ist auch über die Phase frühkindlicher Blauäugigkeit längst hinaus, er ist ein gestandenes, pechschwarzes Hundsvieh mit einem blauen Aug' wie der Hans Orsolics.

Ich sag' euch schon, wie es passiert ist. Mitten auf der Straße, Zweierlinie, direkt vorm Rathaus. Der Hund an der Leine, vordringlich damit beschäftigt, nach derselben zu schnappen und *gleichzeitig* ein bißchen Bewegung in seine vier Pfoten zu bringen. Das war, wie sich herausstellte, ein bißchen viel für den Moment, der Barolo startete also voll durch, schaute dabei nicht nach vorn sondern nach schräg/links/hinten/oben (= auf mich), und dann stand halt dieser Mast da mitten in der Beschleunigung.

BWWONNNNGH!

Ich schwör' euch, der Mast hat gezittert. Ich schwör' euch, der Barolo hat geheult, tief und mondtrunken und geschockt und arm, und das Merkwürdige war nicht, daß sich rundherum ein Schippel Passanten ruckartig umdrehte und auf die Unfallstelle starrte. Auch daß sich die starrenden Herrschaften ihr schadenfrohes Grinsen nicht verkneifen konnten, überraschte mich nicht, nein, überraschen tat mich nur das kleine, schwarze Herzibinki, weil es machte original ein Gesicht wie Stan von Laurel & Hardy, wenn der zum Beispiel sagt: „nOlliie, miir iis waas Schweeres aufñ Koopf gefallñ ...“

Da mußte auch ich mir ein kleines Lächeln gestatten. Das sich rund um uns rasch vermehrende Publikum aber stürzte sich Hals über Kopf ins Gelächter, und der Barolo genierte sich und zog den Schwanz ein und wollte nach Hause.

Am nächsten Morgen hatte er vor lauter Genieren und Protest dagegen ein blaues Aug', und dafür läßt er sich noch heute mitleidig streicheln.

FOLGENDES:

Es ist besser, wenn du dich auf diesen sehr speziellen Moment vorbereitest, denn wenn du unvorbereitet bist, geht's dir vielleicht wie mir: Du stehst, um es vornehm zu sagen, auf dem Schlauch.

Nicht umsonst hast du den kleinen, putzigen Köter sozusagen an der Brust genährt – okay, du hast ihm persönlich die Eucanuba-Säcke aufgeschnitten, damit er groß, stark, gesund, aber natürlich auch klug, einsichtig und verständig wird. Mein Barolo, hast du gesagt, wird ein mörderbienenscharf aussehender, spitzenintelligenter Hovawarthund, einer für *Brehms Tierleben* oder einen Kinky-Friedman-Krimi ..., okay, *ich* hab' das gesagt.

Und dann kommt der G. daher, schaut dem Barolo bei dessen hilflosen Versuchen zu, die Tür zu öffnen, respektive mit seinen Krallen den Lack zu zerkratzen, und aus G.s Windschatten nähert sich jener ominöse Moment, denn der

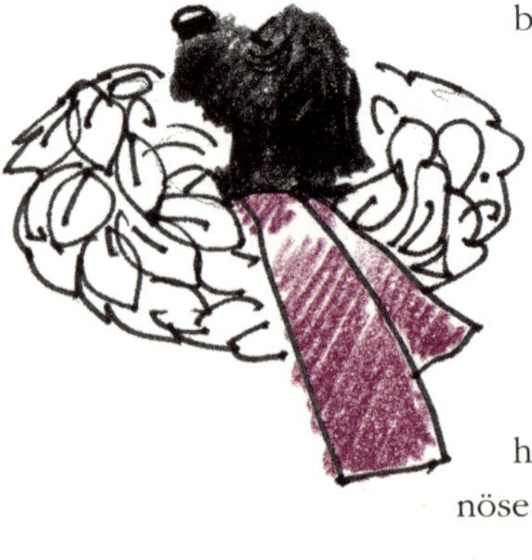

G. sagt: „Der Hund ist ja ein ganz Hübscher. Aber Lassie ist er nicht."

Lassie! ist! er! nicht!

Ich muß nicht erklären, was der Arsch damit gemeint hat. Er meint nämlich *nicht*, daß der Barolo vorübergehende Anlaufschwierigkeiten beim Bedienen des Mobiltelefons hat; er tadelt *nicht* die Tatsache, daß der Hund bei der Führerscheinprüfung einmal durchgefallen ist (weil er nämlich die Frage „Was tun bei Wildschaden?" wegen übertriebener Speichelbildung im Maul nicht beantworten konnte).

Er meinte, im Klartext: Dein Hund ist ein Blödi.

Würdest *du* dir das gefallen lassen? Der Barolo stellte jedenfalls die Ohrwascheln auf, weil mein Kamm schwoll wie eine Portion Kopffleisch. Er versuchte pfiffig dreinzuschauen, aber, oh Gott, es mißlang ihm, und daher lag es an mir, dem G. die Geldtasche aus dem Mantel zu klauen und ihn anschließend heimtückisch nach Hause zu bringen. Dem Barolo war's wurscht, wie der G. dort auf dem Schlauch stand. Aber Lassie wäre verdammt stolz auf mich gewesen.

die lustige Geschichte mit den Peanut-Butter-Cups hören oder die traurige, wie sich der Barolo von seiner Schwester in die Pfote beißen ließ?

(Die aufmunternde Barolo-Gemeinde: „Die lustige! Die lustige!")

Also gut.

Es gibt gewisse Süßigkeiten, die heißen „Reeces" und sind, wie man mir

sagt, in der Alten Welt nicht zu bekommen. Es handelt sich um kleine Täßchen aus Schokolade, die mit einer kräftigen Portion salziger (!) Erdnußbutter gefüllt sind, pro Stück etwa 80000 Kalorien haben und mit aberwitziger Wucht und Geschwindigkeit auf den Magen schlagen.

(Die ungeduldige Barolo-Gemeinde: „Wo bleibt der Hund?")

Geduld. Der Hund liegt nämlich im Vorzimmer und tut so, als ob er schläft. Dabei beobachtet er aus den Augenwinkeln listig, was der Herrl da grad für ein orangerotes Sackerl auf dem Küchentisch deponiert, ein ganzes Kilo persönlich aus Amerika importierten Pflanzenfetts im Schokogewand nämlich: „Reeces" zum Mitbringen.

Dann geh' ich ins Kino, und der Hund bleibt daheim.

Als ich heimkomm', folgender Abspann: Der Hund hat, was er nicht darf, den Sack mit den Peanut-Butter-Cups vom Tisch gezerrt, um damit, was er nicht darf, ins Bett – in mein Bett! – zu gehen und dort Packung für Packung zu öffnen, Bombe für Bombe zu verschlingen, dabei nicht nur die Schokolade über Kissen und Laken zu verteilen, sondern auch das reine Pflanzenfett und seine schwarzen Haare. Als ich heimkomm', sind sämtliche (in Worten: sämtliche!) Schokotrümmer zusammengefressen, und der Hund liegt matt in den Plastikfuzeln wie eine Installation von Jeff Koons.

Der Barolo hat dann einen Kübel Wasser gesoffen und drei Tage an einer monumentalen Verstopfung laboriert, und weil es ihm eh recht geschieht, hat ihn tags darauf seine ältere Schwester Ambra in den Haxen gebissen.

So wird eine lustige Geschichte plötzlich traurig.

um keine Langeweile aufkommen zu lassen?

Er freut sich.

Er freut sich zum Beispiel darüber, daß sein Herrl, der sich eben ein Glas Wasser aus der Küche geholt hat, wieder da ist.

Ihr wißt schon: Der Hund auf die Hinterbeine. Die Vorderpfoten quer über das frische weiße Leiberl. Die Schnauze spitz nach oben, die Kinnladen (also auch der im dortigen Bart geparkte Sabber) liebevoll an meine Brust gedrückt. Außerdem fiept er.

Nein, es ist das kein Winseln, denn mit dem Winseln will der Hund ja bewerkstelligen, daß er was zu fressen kriegt oder sich auf die Hinterbank vom Auto setzen darf. Es ist ein bedarfsloses, inniges Geräusch, ein beseeltes Ausatmen, das die Stimmbänder (hat ein Hund Stimmbänder? Bellbacken?) schwingen läßt, ein akustischer Herzschlag sozusagen.

Der Barolo freut sich gerne.

Er freut sich nicht nur zu Anlässen, die aus menschlicher Perspektive diese Freude rechtfertigen, zum Beispiel, wenn der Herrl nach einer langen Woche aus Zürich nach Hause kommt und ein hübsches Halsband mit Kühen drauf mitgebracht hat.

Der Barolo freut sich auch milky-way-mäßig, einfach zwischendurch.

Du hebst zum Beispiel gerade ein Gläschen Riesling vom Pfaffl an die Lippen, tut der Barolo einen Grunzer und freut sich. Fazit: Flasche leer. Du triffst beim Spazierengehen eine alte Freundin von der Oma, plauderst ein bissel, der Barolo probiert mit den Vordertatzen die Pfützen aus, dann freut er sich, daß er die ältere Dame kennengelernt hat und vor allem ihren hellen Trenchcoat.

Der Barolo ist wirklich ein freundlicher Hund, und deshalb ist mir auch nie fad.

ICH WAR ZULETZT AUF EINER VERNISSAGE,

um meine alten Vorurteile gegen Vernissagen ein bißchen aufzufrischen. Nein, es gab keinen schlechten Sekt zu trinken, denn es gab gar keinen Sekt zu trinken. Ja, die mit den Plateau-Turnschuhen waren die Künstler. Und die Zahnärzte und die Rechtsanwälte trugen von oben bis unten schwarz. Der Barolo natürlich auch.

Denn der Hund hatte auf der Vernissage natürlich Anwesenheitspflicht. Er saß gleich neben dem Eingang, hielt mich kurz an der Leine und empfing die Zahnärzte und die Rechtsanwälte. Die Künstler und deren Adidas-Jacken waren ihm wurscht. Der Barolo konzentrierte sich auf die Unterärmel der wirklich teuren Sakkos und Kostümjacken, sofern sie nur schwarz waren und aus Rohseide oder Kaschmir. Das heißt: der Hund hatte echt was zu tun. Er gewann mir Freunde fürs Leben. Ich hielt schließlich den Vorschlag, mich samt Hund ins benachbarte Naherholungsgebiet zurückzuziehen, für, sagen wir, eine ausbalancierte Idee.

Der Hund wollte das interessante Rudel in der Galerie jedoch um keinen Preis verlassen, und wenn ich sage, daß er sich vom fortgeschrittenen Partygeschehen losreißen mußte, dann meine ich das sehr, sehr wörtlich. Die Rechnung über eine nagelneue Wolford-Strumpfhose, Seide, schwarz, werde mir mit der Post zugestellt, sagte die Frau Doktor, *und tschüß* ...

Draußen: das Paradies. Leichter Regen, aber unter den hochkronigen Bäumen des Weitwanderwegs ein windgeschütztes Leo. Der Hund kümmerte sich wieder um billigeres Spielzeug wie den romantisch glucksenden Bach.

Aber er vergaß nicht, weshalb wir hier waren. Naß und glänzend setzte er sich vor mich hin und fragte: „Was ist? Geh'n wir zurück auf die Vernissage und mischen die ganze Partie auf?"

Als er merkte, daß mir dazu die Kraft fehlte, schüttelte der Barolo gleich jetzt seine drei Liter Wasser aus dem Gefieder.

Es war gegen vier,

als der Barolo zu wimmern begann. Ich weiß das genau, denn ich hatte mich erst um zwei niedergelegt, und nach zwei Stunden bleiernen Schlafs weiß jeder, der von einem dringlichen Wimmern geweckt wird, daß er erst zwei Stunden geschlafen hat. Selbst um die Zeit.

Ich denk': Der Hund muß raus. Wir gehen raus. Der Hund muß aber nicht raus. Er wirft einen gelangweilten Blick auf den Mond und hält es ansonsten für eine Gefälligkeit, mit mir runter auf die Straße gegangen zu sein. Kein Pipi, keine augenfällige Erleichterung.

Ich leg mich wieder hin. Der Barolo bleibt stehen. Ich nähere mich der Einschlafschwelle, an der die Geräusche rundherum leiser und nebensächlicher werden, außer …

Der Barolo wimmert.

Er wimmert mit großem Ernst. Er freut sich nicht an der Aufmerksamkeit, die er kriegt, weil er um sie heischt. Er will vielmehr die Flucht in die Normalität antreten, legt sich hin, die Schnauze schlafbereit am Boden, seufzt wie immer, bevor er wegtunkt, aber …

Der Barolo wimmert. Er wimmert alle zehn bis fünfzehn Minuten, so herzzerreißend, wie Christa Ludwig Mahlers „Kindertotenlieder" singt. Um halb sieben hab' ich dann die Nacht gestrichen und wir sind zum Tierarzt.

Magenverstimmung. Der Hund muß, sagte der Arzt, grauenhafte Krämpfe gehabt haben. Ein tapferer Hund, der Barolo.

Brav, sag ich, und tätschel die schwarze Hechel-Hechel-Hovawart-Birne, gerührt über das Tier und persönlich geschmeichelt von seiner indianerhaften Tapferkeit.

Glaubt ihr, hat mir der Barolo deshalb nachher ins Auto gekotzt?

WISST IHR,

um was ich den Barolo am meisten beneide? (Nein, jetzt kommt kein bachener Witz wie zum Beispiel: Um sein Herrl.)

Ich beneide den Hund drum, daß er sich profimäßig ausbeuteln kann.

Schaut ihm zu: Er steht breitbeinig da, reckt den Schädel zwischen den Schultern nach vorn, glotzt ins Narrenkastl und fängt an zu scheppern.

Das Scheppern wird augenblicklich hochtouriger und sondert Geräusche ab. Die klingen nach *gdgll-gdgll* (laut lesen!) und stammen von den Lefzen, die dem Barolo unter Absonderung von Feuchtigkeit ans Maul klatschen, und bereits zu diesem Zeitpunkt sieht die Übung ziemlich erleichternd aus.

Dann geht das Scheppern aber erst auf Wanderschaft. Es marschiert durch den Körper vom Hund, den muskulösen Nacken hinauf zum Rücken, den der Barolo krümmt wie eine schwarze Katze, dann bebt das schmale Becken, und schließlich verebben die letzten Schüttel-Ausläufer am Schwanz: Der vibriert noch, wenn mich der Barolo schon wieder unerschrocken und frisch anschaut.

Stimmt, natürlich könnte ich mich auch einfach auf alle Viere runterlassen und ein bissel scheppern (danke für den Vorschlag). Aber meinen tu' ich was anderes.

Wenn ihr euch nämlich den ausgebeutelten Barolo anschaut, entdeckt ihr die Begeisterung, mit der er die jüngste Vergangenheit aus seinem Federkleid entfernt hat. Das Beuteln dient dem Barolo zur Festplattenhygiene. Kaum hat er sich einen Verweis eingefangen, weil er den Apfelbaum ausgraben wollte oder die Schuhe von ihren Schnürsenkeln trennen, beutelt er sich einfach und löscht damit alle unangenehmen Daten aus seinem Speicher.

Beneidenswert, oder, um mit dem Barolo zu sprechen: *Gdgll-gdgll* .

Diskussionen. Weil ich war nämlich zuletzt auf einer Dachparty. Samt dem Hund. Dann begann die Hausherrin zu schreien. Laut. Das kam so:

Ich saß – wie das bei Dachpartys vorkommt – auf dem Dach. Die Sonne war bereits untergegangen, die Biertemperaturen hatte man professionell gesenkt, und die Gespräche drehten sich um Sex, Lügen und DVDs. Der Barolo schlich eine Zeitlang um den Holzkohlengrill herum, leckte die Etiketten von den in Zehn-Liter-Eimern versenkten Bierflaschen, dann war er verschwunden.

Dann kam der Barolo zurück. Dann ging die Hausherrin in die Küche. Die Hausherrin hat eine laute Stimme. Dann kam sie zurück. Der Barolo verdrückte sich zu den Holzkohlen. Anschließend die Diskussion, Leute.

Der Hund habe, so lautete die Anklage, in der verwaisten Küche nicht weniger als drei mittelgroße Tongefäße, die zum guten Teil mit Hühnerleber-, Kräuter- und Eieraufstrich gefüllt gewesen seien, vom Büfett gehoben, sie nebeneinander auf dem Fußboden angeordnet und schließlich geleert. Was ich mir überhaupt einbilde?

Darauf ich (sehr viel leiser): Danke für die Blumen, der Barolo liebe vielleicht die Hühnerleber, keinesfalls aber könne ich glauben, daß er Gefäße unbeschadet vom Tisch auf den Boden befördern könne, um sie dort hingebungsvoll zu putzen.

Glaubt ihr, das interessierte wen? Die Volksmeinung solidarisierte sich unverzüglich mit der lauten Stimme, und etwas später hauten der Barolo und ich, sehr offensichtlich beleidigt, von der Party ab.

Gut, daß ich dem Hund wenigstens etwas zum Fressen gegeben hatte.

wenn der Herbst kommt. Er sitzt ganz aufmerksam im Garten und schaut nach Westen, wo's schwarz wird. Wenn sich über dem Manhartsberg ein besonders dunkles Wetter formatiert, wedelt er mit dem Schwanz. Dann denkt der Hund nämlich: Schleich dich, Sommer.

Der Barolo denkt voller Inbrunst, daß es jetzt bald wieder nach Rauch riechen wird und nach feuchtem Laub und nach kühl, so wie er's gern hat.

Das stimmt. Es wird im Garten nach Herbst riechen, und es wird im Haus nach Herbst riechen, weil das Haus nach dem Barolo riecht, der nach Garten riecht, der nach Herbst riecht.

Soll heißen: Der Herbst ist eine schöne Jahreszeit. Dabei braucht er mehr Staubsaugereinsätze als jede andere Jahreszeit. Der Sommer hat Fetzen gebraucht. Weil der Barolo hat sich angewöhnt, bevor er säuft, mit der Pfote nachzuprüfen, ob eh genug Wasser im Napf ist. Dann säuft er, was noch im Napf ist, aus und rennt mit nassen Pfoten durchs Haus. Also Fetzen. Den Winter muß ich euch nicht erklären. Fetzen. Im Frühjahr beschäftigten der Barolo und ich eine Aufräumfrau, die sich jedoch nach drei Monaten entschloß, vor dem Hund Angst zu haben und ihre Kündigung einreichte.

P. S.: Staubsaugermäßig hab' ich den Barolo übrigens zuletzt stark beleidigt. Weil meinem Standardstaubsauger die Luft ausgegangen ist, hab' ich den Rat vom Ziersdorfer Chefelektriker Weiser befolgt und den teuersten Miele-Staubsauger erworben, Modell: *Cats and dogs*. Das empfand der Barolo als Denunziation seiner hygienischen Standards. Er knurrt den Staubsauger seither an wie eine Siamkatze, außer der Staubsauger ist eingeschaltet. Dann hält er ihn für einen Schäferhund und hält's wie mit dem Sommer: Er schleicht sich.

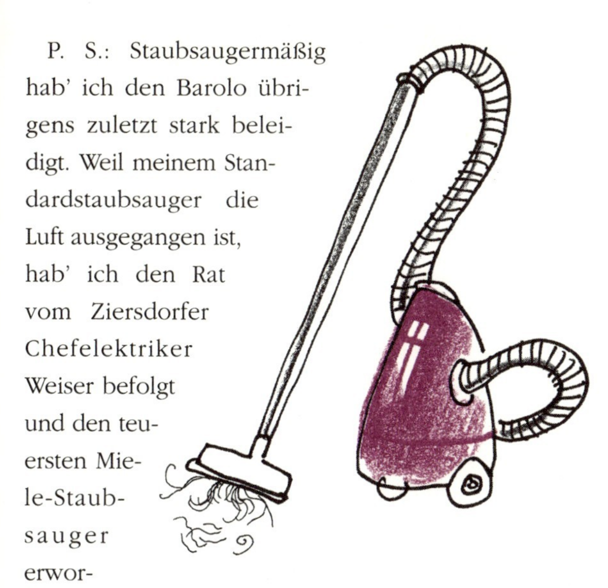

Früher wohnte ich in einem Büro,

wo noch wer saß. Das war schön. Noch wer hatte blondes Haar, eine laute und deutliche Aussprache und mannigfaltige Probleme, die ich recht unterhaltsam fand. Allerdings mochte sie den Barolo nicht sehr. Behauptete, daß er riecht wie ein Hund. Wehrte sich gegen den Geruch. Mit Marlboro Lights. Fünfundzwanzigmal täglich. Am Abend dieser Tage roch der Barolo wie unser Büro. Das war auch gut. Wenn wir dann in die Kneipe gingen, war der Hund schon akklimatisiert.

Jetzt wohne ich allein in meinem Büro, und der Barolo hat aufgehört zu rauchen. Dafür macht sich der Hund echt wichtig. Wenn irgendwer – was im täglichen Bürobetrieb zuweilen so vorgesehen ist – mit mir reden will und deswegen mein Zimmer betritt – ein Mördertheater. Der Hund spielt alle Stückeln mit Knurren und Bellen, und wenn er nicht gleichzeitig pausenlos mit dem Schwanz wedeln würde, könnte man glauben, er hat seinen neuen Job als Zerberus angetreten. (Wenn ihr wissen wollt, wer der Zerberus ist, müßt ihr euch beim Köhlmeier erkundigen; der erteilt die Auskünfte aus dem klassischen Altertum.)

Blöd ist nur eins. Da ich neuerdings den Rang eines Abteilungsleiters bekleide (ja, ich bin ins Einzelzimmer befördert worden), erwartet man von mir Autorität. Wißt ihr, was Autorität ist?

Der Barolo weiß es, ähem, auch. Er weiß es nur dann nicht, wenn wer anderer in mein Zimmer kommt. Er ignoriert, wenn ich ihm freundlich „Maulhalten" sage oder ein bißchen säuerlich „Kusch" und kommt kläffend dem nach, was er für seine Pflicht hält.

Wenn der Barolo dann endlich still ist, bin ich so dankbar, daß ich nur mehr zu den freundlichsten Freundlichkeiten fähig bin. Wenn ich also ein bißchen beliebt werde, habt ihr das dem Hund zu verdanken.

MEIN HUND IST EIN HABSBURGER.

Echt. Nein, er besitzt keine signifikant vorstehende Unterlippe, und er hat auch keinen Koffer in Schönbrunn. Der Hund hat sich ganz einfach mit der Reinigungsfirma Habsburg angefreundet. Und zwar so: Er verschmutzt Frischkleider.

Ich muß euch nichts über das Zentralnervensystem meines Hundes erzählen. ihr wißt so gut wie ich, daß der Hund besser riecht als er sieht und so laut bellt wie die Brennerautobahn, wenn er ein klandestines, nahrungsmittelverheißendes Papierrascheln im Nebenhaus hört. Mein Hund, der liebe Barolo, kann zum Beispiel am bloßen Geruch jedes Anzugs feststellen, wer ihn geschneidert hat und wann er zum letzten Mal aus der Putzerei geholt wurde. Er kann die Putzerei identifizieren, er kennt den Preis für Putzen und Bügeln, er ißt die mitgelieferten Draht-Kleiderbügel und hüllt sich in das Plastik, in das jedes geputzte Kleidungsstück gepackt worden ist.

Zu Hause in den Weinbergen trage ich meinen Anzug ja eher selten. Im Büro ist das anders. Da gibt es Kollegen, die haben pro Tag zwei bis drei Anzüge an, und zwar, weil der Barolo sie dazu zwingt.

Stellt euch zum Beispiel den schlanken Generaldirektor vor, der in der Früh mein Büro betritt und dann mein Büro wieder verläßt, und zwar mit einem feuchten Fleck zwischen den Beinen. Das macht bei einem Generaldirektor keinen schlanken Fuß. Er muß heim, sich einen neuen Anzug holen. Gott sei Dank hat er noch einen Anzug und wohnt nur einen Stock tiefer.

Der Barolo sitzt währenddessen in der Ecke, leckt sich die Lippen und sagt: Helmut Lang. Putzerei Habsburg. Gestern frisch aus der Reinigung.

Ja. Ich bin sehr stolz auf meinen Habsburger. Demnächst meld' ich uns für „Wetten daß …" an.

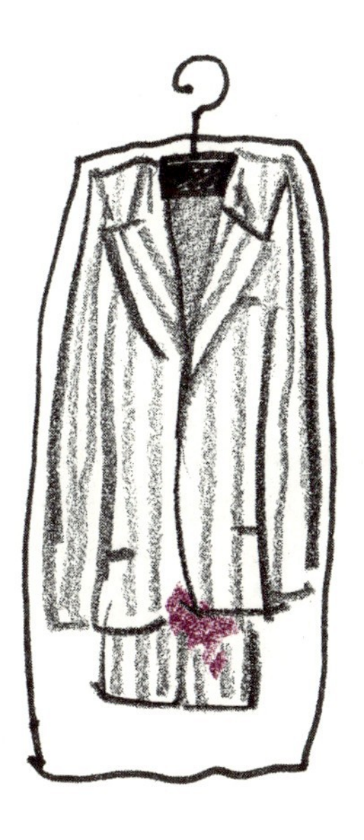

DER HUND WIRD IMMER INTELLIGENTER.

Er tut so, als hätte er sich damit abgefunden, daß du ihn für nicht besonders schlau hältst.

Stichwort: heimliches Sofalümmeln.

Das heimliche Sofalümmeln ist gewiß eine unter Hunden verbreitete Angelegenheit. Ich hielt den Barolo diesbez. für resistent, weil er sich daheim selbstverständlich ins Eck schmeißt, wo seine Schmusedecke liegt. Dort rüsselt er dann. Daß er, sobald ich auch nur aufs Klo gehe, sofort auf dem Sofa Platz nimmt, habe ich nie geschnallt. Schließlich hört der Hund die Wasserspülung und schleicht sich unver-

züglich wieder, läßt bloß ein paar lange, schwarze Haare zurück, die mein Mißtrauen nicht zu wecken vermochten.

Dann erwischte ich ihn eines Tages in der Früh: Der Barolo im Tiefschlaf auf der Bettstatt, und zwar wie im Rheumalind-, Traumalind-, Kuschellind-von-Billerbeck-Katalog. Das machte mich wachsam.

Es machte aber auch den Barolo wachsam. Er läßt sich einfach nicht mehr am Sofa erwischen, und wären da nicht dauernd neue, lange, schwarze Haare, würde ich mir einbilden, der Köter wäre echt ein bißchen erzogen.

Aber er ist bloß intelligenter geworden.

Ich am Sofa, fernsehen. Der Köter streift an mir vorbei, tut so, als wäre er bloß Passant, dann bleibt er stehen. Hebt das Hinterbein, gibt vor, er müsse sich kratzen, kratzt sich aber nicht, sondern rückt auf diese Weise den Hintern halbumfänglich aufs Sofa, dann steht er da, hechelt beiläufig und tut so, als wäre die Tatsache, daß sich der halbe Barolo bereits am Sofa befindet, bloß passiert, ohne sein Zutun.

Das nenn ich Intelligenzzuwachs.

Aber ich bin noch schlauer. Der Hund kriegt einen Rempler und muß zurück in sein Winkerl.

Unlängst ist mir Folgendes passiert:

Der Barolo wurde beim Schwarzfahren erwischt.

Huuaaha, werden die Pfiffigen unter euch sagen, wie soll denn der Barolo anders fahren als schwarz? Rostrot? G'scheckert?

Ihr kennt schließlich meine glänzende (und wie H. Völker sensibel sagt:) kokssacklfarbene Hovawarthündin.

Wien Mitte. Wir nahmen die U4. In „Landstraßer Hauptstraße" schätzt der Hund nämlich die Verkaufsebene über den U-Bahngleisen. Dort werden Punschkrapferln und Kebap verkauft, das ergibt ein babylonisch sinnliches Geruchserlebnis. Der Hund zerrt dann ansatzlos und mit der ganzen Gewalt seiner 33 Turbokilo nach links und nach rechts, mich wandelt's auf dem rutschigen Boden, *seinetsodeppertbarolo*, und ganz sicher weiß ich, daß ich so sehr um den aufrechten, wenn auch ruckartigen Gang kämpfen mußte, daß ich vorbei am ÖBB-Kassahäuserl torkelte, wo ich sonst zu sagen pflege: 1 x Schwedenplatz mit Hunde-Vorteilscard, und der Schaffner schaut mich an und sagt, daß es keine Hunde-Vorteilscard gibt, dann krieg' ich den Kinderfahrschein für den Hund und ein gelangweiltes Lächeln, *du bist aber ein Lustiger*, und der Barolo und ich fahren hochoffiziell zum Schwedenplatz.

Der Barolo also in der U4, und ich studier' die Schwarzfahrerreklame mit den besten und witzigsten Ausreden. Da fällt mir ein, daß ich den Fahrschein für den Barolo gar nicht gelöst hab, und schon legt mir jemand die Hand auf die Schulter und fragt: „Entschuldigen Sie, fährt Ihr Hund schwarz?"

Es war aber kein Kontrollor, sondern nur einer von euch Pfiffigen.

Huaaaha.

Peinlich ist Folgendes:

Wenn der Hund mit mir arbeiten geht, hält er sich stets in meiner Nähe auf. Nur selten liegt er im Körberl, das überlebensgroß in der Ecke steht. Lieber streckt er sich dort aus, wo die Rollen meines Bürosessels demnächst über seine Ohrwascheln fahren werden. Hie und da also Geheul, die lieben Frauen aus dem Sekretariat werfen einen solidarischen Blick auf den Hund und einen grimmigen auf mich, nur selten rufen sie bei der Frau Klinger um Hilfe. Der Barolo aber umarmt mich bereits wieder schwanzwedelnd, denn unerklärlicherweise kultiviert er seine Menschenliebe in den Sekunden des Schmerzes am alleroffensichtlichsten.

Aber das ist weder peinlich, noch will ich's erzählen.

Es geht um die Momente, in denen ich tagsüber allein sein möchte. Wieviele das sind, kann ich nicht sagen, es kommt wohl drauf an, wieviel Kaffee ich trinke. Diese Momente sind erstens unaufschiebbar und lassen sich zweitens nicht teilen. Das führt zu den Situationen, vor denen sich mein Hund panisch fürchtet. Irgendwo im Gehege des Büros schließt sich eine Tür hinter seinem Herrl, und gemäß der Hundelogik ist es keineswegs gewiß, daß sich diese Tür jemals wieder öffnen wird. Wenn der Barolo von der diesbez. Unsicherheit geplagt wird, winselt er. Wenn sein Winseln keinen Erfolg hat, schlägt es in heulendes Gebell um, und schließlich versucht der Hund, die betreffende Tür mit Gewalt zu öffnen.

Du hältst dich also hinter dieser Tür auf, der Hund jault, und draußen geht die Frau Schmid vorbei und sagt: „Da schau her, sitzt das Herrli schon wieder am Klo …"

Dann schließt du die Augen und fragst dich, ob du die Tür wirklich hinter dir zugemacht hast.

Die Höflichkeit ist eine schöne Eigenschaft,

aber ich kenne keinen, der höflicher ist als mein guter, alter Freund Onkel Tom. Tom ist im Hauptberuf Sammler von Beatles-Devotionalien und verdingt sich daneben als Musikkritiker. Deshalb muß er viel reisen, und weil in Wien der Himmel voller Geigen hängt, besucht er mich oft.

Der Onkel Tom ist ein Meister der Wiedersehensfreude. Er besteht darauf, daß wir so tun, als hätten wir uns jahrelang nicht gesehen und in verschiedenen Verstecken den Weltkrieg überlebt. Dann können wir uns um so intensiver über das Wiedersehen freuen. Onkel Tom freut sich im Sommer vorzugsweise mit Grünem Veltliner und winters mit schottischem Malt Whisky (ich gebe zu, daß ich die Freude lieber im Sommer mit ihm teile).

Saßen wir also im Garten und Tom fragte mich, ob es nicht klug wäre, noch ein Fläschchen vom Steinfeder (Tom bevorzugt die luftigen Kreszenzen von Rudolf Pichler) aufzureißen, er fühle sich gerade danach.

Man will ja dann nicht so sein. Ich holte noch ein Fläschchen und wurde Zeuge einer interessanten Begegnung.

Der Barolo, der sich bis dahin vornehm im Hintergrund gehalten und wie ein schwarzer Mantel in die Nachtwiese gelegt hatte, beschloß, sich an der Wiedersehensfreude zu beteiligen. Er schlug einen Bogen um den Tisch, an dem der Onkel Tom vor seinem nicht mehr ganz vollen Glas saß, fiel vom indianermäßig schleichenden in seinen aktiv-eleganten Laufsteg-Schritt, wählte Toms Hinterkopf (der nicht mehr von zu dichtem Haarwuchs belästigt wird) als Ziel seiner Zuwendung, machte sich lang, stellte sich auf die Hinterpfoten und biß meinen Freund zärtlich in die Glatze.

Tom respektierte das. Er hat Respekt vor fremden Ländern und Sitten. Wenn Sie also auf der Straße einem langhaarigen, schwarzen Hund begegnen, der von einem Herrn mit Glatze permanent in den Kopf gebissen wird, wundern Sie sich nicht. Es handelt sich um pure Wiedersehensfreude.

Selten sind diese Momente,

so selten, daß man sie ausschneiden und daheim ins Album picken möchte. Aber kaum fummelst du nach der Schere, ist der Moment schon wieder weg, husch.

Es war so, nach der Arbeit, hinten im Auto. Die Frau Dorli steuert, der Herr Klimek am Beifahrersitz fungiert als Navigationssystem. Neben mir ein Haufen Glumpert und der Hund. Draußen: Wagramer Straße, so weit von der Reichsbrücke entfernt, daß ich keinen Unterschied erkennen kann. Ist das noch Wien? Oder schon Bratislava?

Außerdem hab ich mir eine neue CD gekauft, David Sylvian, „Dead Bees On A Cake“. Die läuft gerade im CD-Player von der Frau Dorli. Take 1, „I surrender“, ein schwermütiger, eindringlicher Song. Dunkle Stimme, luftiges Schlagzeug, Mollfetzen in der Begleitung. Draußen die Wagramer Straße, Bratislava. Wäschereien, Wirtshäuser, Tankstellen, Leuchtreklamen für Sinalco. Ich leg den Kopf an die Scheibe, starre auf die vorbeihuschenden Fassaden, die von Fünfziger-, Sechziger-Jahr-Typographien benannt werden, spür' die Müdigkeit der ganzen Woche in mir aufsteigen, Lichter, Bewegung, Sound, Stimmung, fühle mich wie am Anfang von „Koyanisquaatsi“, nur Schlieren und ein unbestimmtes, sehnsüchtiges Gefühl.

In diesem Moment legt mir der Hund ganz sanft die Schnauze aufs Knie und seufzt. Oooooh, Barolo. Wir zwei.

P. S.: Weil ihr fragt: Wir sind zum wahnsinnigsten und g'schmackigsten Chinesen Wiens gefahren, zum „Altes Sichuan“, mitten in einem Gemeindebaukarree am Alfred-Kubin-Platz. Geht in Scharen hin und eßt Tintenfisch mit Ingwer! Tel.: 258 31 01. Und: Schöne Grüße vom Barolo bestellen.

für ein Wochenende nach Grado fahren wollt, bitte schön. Ich tu' mir das nicht mehr an. Gewiß, Grado ist fein, die Promenade hübsch bevölkert, und irgendwo dort hinten rauscht das Meer. Das Meer! Wenn ihr so kleinlich seid, bei eurem Grado-Besuch das Meer sehen zu wollen, dann ignoriert bitte diese merkwürdigen Verkehrsschilder, die an jedem denkbaren Zugang zum Meer aufgestellt sind: Sie werden umrandet von einem roten Streifen und zeigen zentral die naive, aber dafür durchaus dechiffrierbare Skizze eines Hundes. Dahinter irgendwo: die See; das Restaurant; meine Freunde.

Ich mach' es kurz: Das Wochenende war ein Desaster. Der Barolo wollte wahnsinnig gern in den Sand, an die Luft, ins Wasser. Da er das nicht durfte, zerrte er mich an kurzer Leine kreuz und quer durch die Altstadt. Ich packte ihn dann ins Auto, fuhr raus aus dem Ort, um irgendwo sonst ans Meer zu kommen, aber wo früher der Hundestrand war, stehen jetzt dickärschige Wohnmobile, deren Koppeln von der bekannten Vignette geschmückt werden: „No Dogs".

Gut, weiter nach Duino. Dort: Wirtshaussperre für den Barolo, und als die Rezeptionistin den großen, schwarzen Hund sah, war urplötzlich die Zimmerreservierung unauffindbar. Rundruf bei den ansässigen Hotels: No Vacancies. In einer benachbarten Pension machte die Vermieterin das Angebot, den Barolo zu beherbergen, falls ich den Zimmerboden mit Handtüchern bedecke.

Wißt ihr was: Ich reiste ab. Fuhr an den Wörthersee. Ich ging mit dem Barolo über saftige, unverbotene Wiesen spazieren. Der Barolo dankte es mir. Er legte sich bäuchlings in den frischen Kuhdreck. Danach stinkt er noch heute.

„Barolo".

Kein Muckser.

„Barooolo".

Stille im Hof. Die Sonne glühend im Süden, fleckiger Schatten nur unter dem Nußbaum. Heißer Wind aus Westen. Manchmal hält sich das Weinviertel für Kuba. Ich leg' dann eine dieser kubanischen CDs in den Plattenspieler, neuerdings die von Eliades Ochoa: eine entspannte Gitarre und ein entspannter Sänger. Das Weinviertel entspannt sich dann zusehends und fühlt sich schlank und braungebrannt. Damit kann ich leben. Nur: Wo ist mein Hund?

Ich geh' in die Küche. Leer. Ich gaberl ein biß-

chen mit dem Blechnapf, das erzeugt in der Regel unwiderstehliche Lockgeräusche. Nix.

Der Zaun? Dicht. Das Haustor? Zu. Ich zupf einen

Karton Markies aus der Vorratskammer und reihe mich als außerordentlicher Perkussionist in die Rhythmusgruppe des Herrn Ochoa ein: Die Gitarre groovt. Ich vollführe im Takt grazile Bewegungen. Meine Markies-Packung macht Grrrbt-grrbt-grrrbt. Zu diesen Tönen tanzt der Barolo in der Regel Cha-Cha-Cha, denn er liebt Markies über alles. Heute nicht.

„BAROLO!"

Ich schick eine Expedition in den Süden des Gartens. Die entdeckt den Hund. Er hat sich getarnt. Sein Fell ist braun, denn er hat ein Loch in den Boden gegraben und sich mit dem Aushub geschminkt. Sein Bauch ist dort, wo die Erde kühl ist. Der Kopf unter dichtem Unkraut. Der Hund haßt die Hitze. Er haßt Kuba. Er sagt: Leg eine Platte von Björk auf, damit ich bei der Scheißhitze wenigstens an Island denken kann, du Möchtegern-Salsa-Don-Juan.

Was ich tu'? Ich gehorche. Tatsächlich: Björk senkt die Temperatur im Weinviertel um vier Grad. Ein bißchen später fängt's an zu regnen, und der Barolo und ich sitzen bei unserem kleinen Geysir und unterhalten uns über Klimaanlagen.

gar nicht erst anziehn, der Barolo macht sie eh wieder dreckig. Weil der Hund sich nämlich nicht wohlfühlt, wenn er auf allen Vieren steht. Wenn er aber zweibeinert, muß er sich mit den Vorderhaxen irgendwo festhalten, zum Beispiel an mir. Das hinterläßt Spuren. Ich meine: es war ja bekanntlich ein wunderbarer Sommer, aber jetzt kommt der Herbst, und im Garten blüht der Gatsch.

In der Gebrauchsanweisung für den Hovawarthund steht: der Hovawarthund springt jedem Menschen an den Oberschenkel, der ihm symphatisch ist, und ich kann euch sagen: Der Barolo hat echt viele Freunde, und die Freunde waren früher auch meine Freunde. Unlängst zum Beispiel kamen Dorte und Horst mit ihrem Enkel Jamie auf Besuch und der Barolo freute sich ganz ungeheuerlich über ein paar frische Hände zum Abschlecken, doch dann schwappte seine Aufmerksamkeit auf Jamie (4) über, der gerade noch mit heller Stimme gefragt hatte: „Ist der Barolo ein lieber Hund?“ Und ich hatte geantwortet: „Ein sehr lieber Hund!“, und der Barolo wollte mich nicht Lügen strafen, ist also ansatzlos dem Jamie vor die Brust gehüpft, mit liebevollen dreißig Kilo Hundsvieh und langer Schleckzunge.

Jamie, auf seinem kleinen Hintern sitzend: Panik!

Barolo, vor Schwanzwedeln vibrierend: Hechel!

Wir sperrten also den kleinen Barolo in den Garten, während wir im Eßzimmer südtirolerische Speckseiten aufschnitten. Der Barolo goutierte das nicht. Er kletterte über einen unter dem Fenster stehenden Stuhl ins offene Fenster, setzte dort gerade zum Sprung auf den gedeckten Tisch an, als die glockenhell-panische Stimme Jamies warnte: „Achtung, der liebe Barolo!“

Was wir dann taten, möchte ich euch lieber verschweigen, vielleicht schaut nämlich die Frau Klinger zu, nur eines: Der Jamie hat den Barolo in bester Erinnerung, und der Barolo kann inzwischen erstklassig Tex-Mex tanzen.

Wir machten einen Ausflug ins Burgenland,

der pannonische Monsun verblies uns in den „Taubenkobel" der Familie Eselböck. Der Chef kochte sein berühmtes Menü „Wie Chef will", mein Freund Thomas – der etwas merkwürdige Beatles-Fan, an dem der Barolo seinen legendären Glatzenbiß perfektioniert hat – sprach mit Westfälischer Höflichkeit den Rotweinen des Burgenlands zu. Was blieb mir übrig, als auch höflich zu sein?

Der Barolo lag derweil wie ein Fetzen auf dem Boden und rastete. Erst als der Chef auf einen Kaffee an unseren Tisch kam, erwachte der Hund aus seinem Dämmerschlaf, schnupperte an den Ärmeln des Kochs und leckte ihm geschlagene zwanzig Minuten die Hände. Wir sind eine höfliche Familie.

Es war gegen Mitternacht, als die Chefin dem Thomas heimlich den Autoschlüssel wegnahm und uns nach Eisenstadt verfrachtete, in ein originales Siebziger-Jahre-Museum, das als Hotel verkleidet war. Wir checkten ein. Der Thomas meinte: Komm auf mein Zimmer. Laß uns nachsehen, ob was in der Minibar ist.

Wir fanden zuerst zwei oder drei Bier, dann die Fernbedienung für den Fernseher. Weiß der Teufel, wie die in den Eisschrank kam. Auf Kanal sechs das burgenländische Lokalfernsehen mit einem sorgfältig geschnittenen Porno: ein stämmiger Lastwagenfahrer deckt eine stämmige Dame, wobei das wirklich *hengstige* des Herrn nie zu sehen war, und ob der Herr burgenländisch grunzte oder doch schon oststeirisch, fanden wir auch nicht heraus.

Dann der Thomas: Um Gottes willen, wir haben ganz auf den Barolo vergessen!

Tatsächlich. Der Hund saß bebend vor dem Bildschirm und sah den Erwachsenen beim Rütteln zu. Dabei ist er noch nicht einmal aufgeklärt.

Der Thomas schaltete unverzüglich auf Eurosport um. Der Barolo ging ins Vorzimmer und kotzte. Geschmack hat der Hund wenigstens, sagte der Thomas, dann schlief er ein, ohne sich die Zähne zu putzen.

trägt den schönen Titel „Der weiße Schatten". Bei diesem Schattens handelt es sich nicht um eine Folgeerscheinung der augüstlichen Sonnenfinsternis, sondern um einen Hund. Dieser ist sieben Monate alt, lebt im Kärntner Lavanttal, heißt Falco und trägt die Markenbezeichnung „Goldener Retriever" zu unrecht. Denn Falco ist schlohweiß. (Außerdem ist Falco, ich möchte es nicht verschweigen, ein Schnäppchenjäger. Wenn du ein Stück Kuchen in der Hand hältst, sei vorsichtig: der Hund zischt unter dem Tisch umeinander, du gewöhnst dich schnell an seine nasse Schnauze überall, und am Schluß ist der Kuchen weg.)

Da meine Hündin Barolo „kokssacklschwarz" ist, stellt sie einen wirklich ernsthaften Kontrast zum weißen Falco dar. Ein schöner Anblick, als sich die beiden kennenlernten, es wurde auch ein bissel gebellt. Dann Schwimmbecken. Dann Böschung. Dann Verfolgungsjagd unter dem Gartentisch. Dort geschah's: der Falco witterte zum ersten Mal den Duft der Weiblichkeit, den meine heimtückische Hündin zu seiner Unterwerfung verströmen ließ. Uh. Das rührte ihn wie Donner. Falco setzte sich auf seinen kleinen, weißen Hintern und starrte dem Barolo, nun, nicht in die Augen. Dann schlug er die blonden Wimpern nieder und begann zu weinen. Er roch das wirkliche Leben und wußte, daß dieser Geruch zu früh für ihn kam. Er schluckte, speichelte, wimmerte, unterwarf sich. Kurz: Falco hatte sich verliebt.

So hielt das richtige Leben ins Lavanttal Einzug.

ICH BIN WIRKLICH NICHT ÄNGSTLICH,

im Gegenteil. Ich genieße es, wenn das Weinviertel langsam verstummt, wenn das Licht austrocknet und sich die Traktoren zum Rasten in den Stall schlichten. Außerdem tröstet draußen in der Finsternis das Geräusch vom sich bewegenden Hinterteil meines Hundes Barolo. Trostschwanzwedeln, wie von John Cage komponiert.

Vielleicht trägt es auch zu meinem Sicherheitsgefühl bei, wenn mir der Herr Ortsvorsteher bei seinem Weinkeller versichert, daß es bei uns im Dorf noch nie ein Kapitalverbrechen gegeben hat. Gut, einmal hat man ihm nach dem Kirtag neben das Haus gepischt. Aber keine Schlägereien. Kein Einbruch, nix. Bei so einer Kriminalstatistik kann sich die FPÖ brausen geh'n.

Als ich also gestern in der Nacht aufwachte und im Wohnzimmer Stimmen hörte, fuhr mir das nicht panikmäßig ein, nein, aber es befremdete mich doch ein wenig. Gäste von gestern, die ich vergessen hatte (es war so gegen drei)? Ich stand auf. Was war das für ein Licht? Weinviertler Mitternachtssonne?

In diesem Moment sah ich, wie sich ein gewaltiger, schwarzer Schatten vom Wohnzimmersofa erhob, dieses mit einem Satz verließ, auf mich zustürzte – und der Barolo war. Auf dem Sofa, im Grübchen, das vom

Nickerchen des Hundes noch ganz warm war, lag die Fernbedienung vom Fernseher. Den hatte der Barolo mit seinem Lebendgewicht eingeschaltet. Es lief was Jugendfreies. Es gibt bei uns im Weinviertel keine Verbrechen.

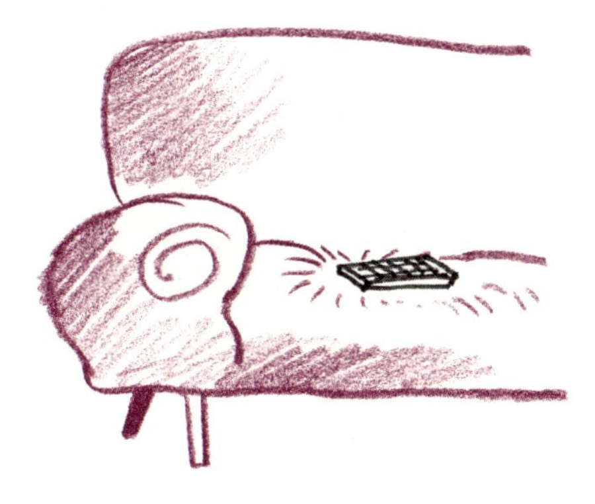

auf dem Weg zum Tierarzt. Er hinten im Kombi, guter Dinge. Wir parken uns ein, eine Sackgasse in Strebersdorf, ihr wißt schon: Tierklinik. Der Hund hüpft aus dem Auto und ist guter Dinge. Er schaut links und rechts und begreift, klingeling, daß hier vor einiger Zeit, laß mich nachdenken, irgendwas Unangenehmes war, wenn ich nur wüßte ... wuaaaaaaah. Halsweh. Tabletten. Magenschmerzen. Nicht mit mir.

In die Ordination. Eine Dame, auf deren Schulter ein Ara sitzt. Huch. Eine Pensionistin mit einer – schluck – Katze. Egal. Doch dem Barolo ist der Ara egal, ist die Katze egal!, was, um es vornehm zu sagen, die Ausnahme von der Regel ist. Nein. Er will hier nicht rein. Er stemmt die Vorderpfoten auseinander wie eine Panzersperre, und nachdem ich ihn über die Türschwelle gezerrt habe, huscht er unter den Sessel des Warteraums wie der Maulwurf in seinen Bau. Schon

werden wir aufgerufen, ich schaff' dem Barolo an, daß er kommen soll. Nein. Er macht lieber was Raffiniertes. Läßt sich flach auf den Bauch fallen, streckt die Haxen aus, so daß er ausschaut wie eine schwarze Flunder, und läßt sich, als wäre er tot, ins Behandlungszimmer schleifen.

Schöner Hund, sagt der Tierarzt, schaut sich das Fell an. Gut bemuskelt, sagt er, tastet die Hinterhaxen ab, alles in Ordnung auch in den Augen, den Ohren, schöner Hund, gesunder Hund, der Arzt verpaßt ihm die Impfung, wegen der wir gekommen sind, dann schaut er mich an und sagt „und so gut erzogen".

In zwei Wochen gehen wir die Mandeln rausnehmen.

Abends waren wir eingeladen.

Der Herr Seidl, der ein herrliches Wirtshaus im dritten Bezirk hat, kennt den Herrn Wohlmuth, der ein herrliches Weingut in der Südsteiermark bewirtschaftet, und schon versammelten wir uns in Seidls guter Stube und kosteten Wohlmuths sehr gepflegte Weine, während aus der Küche Unterlagen herangeschafft wurden, deftig und g'schmackig, und wenn ihr beim Seidl in der Ungargasse vorbeigeht, vergeßt nicht, das Backhendl zu probieren samt dem superen Gurkensalat, und fragt nach der weißen Cuvée vom Wohlmuth.

Ja, der Barolo war auch mit. Auf Weinbauern macht das nämlich einen ziemlichen Eindruck, wenn ein Hund Barolo heißt. Auf den Barolo hingegen machte eher das Aroma der Blunze Eindruck, die zur Vorspeise serviert wurde, und anschließend verkroch sich der Hund unter dem Tisch und beschäftigte sich – während wir über dem Tisch in die Vorzüge der biologischen Vergärung eingeweiht wurden – still.

Ähem. Weil es war so, daß die Frau Adler neben mir saß. Sie war schick angezogen und hatte ein Gucci-Taschel mit für die Schönheit (für noch mehr Schönheit!), und ein paar Stunden später, als wir nach vollbrachter Weinkost noch ein Entspannungsachtel nahmen, war das Gucci-Taschel leer und hin, und der

Barolo hatte Lippenstifte für eine fünfstellige Summe verzehrt.

Die Frage, die wir seither verhandeln, lautet: Was ist fahrlässiger – Kosmetika von Millionenwert herumzuschleppen? Oder den Hund ein bißchen unterm Tisch schnuppern zu lassen?

Noch sind wir uns nicht einig.

Es gibt Menschen,

zum Beispiel mich, die das Staubsaugen weniger lieben als etwa auf einen Imbiß zum Sodoma nach Tulln zu fahren. Diese Menschen – mich ausgenommen – haben auch keinen Hund, der Barolo heißt, lange, schwarze Haare trägt und mitten im Winter sein Fell verliert.

In der Gebrauchsanweisung für Hovawarthunde steht, ja, es kann vorkommen, daß der Hund ein oder zweimal im Jahr haart. Haart?

In jedem Zimmer meines Hauses, in jeder Ecke jedes Zimmers, in meinem Garten und im Garten meiner Nachbarn, im Büro, das immerhin aus dreißig, voneinander durch verschließbare Türen getrennten Einzelräumen besteht, auf dem Schwedenplatz und zwar im Norden und im Süden, selbst in der U-Bahn, und zwar in Zügen, die der Hund und ich niemals zuvor benützt haben, finden sich diese deutlich zu identifizierenden, schwarzen Haarbüschel, die aussehen wie Dornenbüsche in den brutalsten Italo-Western-Wüsten – ziellos, leicht und elegant schweben sie allerorten über die Erdoberfläche.

Ich schlug in der Gebrauchsanweisung unter der Rubrik „Haarausfall" nach, dort stand: Staubsaugen.

Danke. Als ich Experten um eine zweite Meinung bat, brachte ich in Erfahrung, daß ein Unterwolle-Kamm das richtige sein soll. Volltreffer. Gestern hab ich den Barolo halbiert. Habe durch einstündiges Kämmen sein Außenvolumen auf die Hälfte reduziert. Das Ergebnis: die Mülltonne (Höhe 1,20 Meter) war bis zur halben Höhe voller Haare, der Hund schlank wie eine Gazelle; und heute fahren wir zwei Hübschen gemeinsam zum Sodoma.

HEUT IN DER FRÜH,

Eile. Die Hundewiese mit langen Schritten durchmessen, durch die Tür des U-Bahnhofs, die Stiegen hinunter, schnellschnell, und der Hund war nicht an der Leine, weil er nämlich viel besser Bei-Fuß geht, wenn er nicht angehängt ist, da kommen uns schon die Menschen entgegen, weil die U-Bahn grad in der Station steht, komm Barolo, zackzack Barolo, die kriegen wir noch, rein in den Zug, eeeeeiinsteigen, tuuuut, die Türen fallen rummms zu, und …? Der Hund!!!!

Der Hund sitzt nicht, wie's gehört, hechelnd neben mir. Er steht draußen auf dem Perron und glotzt hektisch: Wo? Wo? Wo? Ist? Das? Herrl?

Der Zug fährt an. Ogottogott. Ich seh', wie der Barolo nervös durch die Menschenspaliere tänzelt, bereit zum Ah-*da*-ist-das-Herrl-Sprint mit angeschlossener Wiedersehensbocksprungfreude, aber dann seh' ich nur noch Tunnelwand von innen und denk' mir: Hoffentlich, hoffentlich, hoffentlich. Wißt ihr, wie lang die U-Bahn für eine einzige Station braucht? UND WIEDER ZURÜCK?

Selber Bahnsteig, eine Ewigkeit später: Ich seh den Hund nicht. Wenigstens kein Menschenauflauf, weil mich der Barolo auf den Gleisen gesucht hätte. Und jetzt? Ich schließe die Augen und fühle mich in den

Hund ein. Wo würde ich mich suchen? Ich öffne die Augen und denke: einen Stock höher. Am Würstelstand.

So gut kenne ich den Hund. Er teilte gerade ein Senfscherzl mit einem Vormittagsbiertrinker. Der freute sich, daß ich ihm noch ein Puntigamer hinstellte, und der Barolo freute sich über meine Rückkunft. Nachdem er runtergeschluckt hatte. So viel Zeit muß sein.

zum dritten Geburtstag meines Hundes Barolo – Menü: ausgekochte rote Rüben mit Rindsuppengeschmack, ein Stück Suppenfleisch (gekocht), Hundeflocken, das ganze veredelt von einem eben abgelaufenen Becher Schlagobers – packten wir miteinander das schönste Geschenk des Tages aus. Es handelte sich dabei nicht um die obligatorische Geburtstags-Knackwurst, die der Hund in feine Rädchen geschnitten aus meiner Hand in Empfang nahm, überrascht, weil er eine zweite tägliche Mahlzeit nicht gewöhnt ist, gleichwohl gewohnt gnädig, gütig und gierig.

Das schönste Geschenk waren die von besonderer Seite zugesandten Bilder, die das Vieh zeigten, als es noch ein Welpe war. Klein, wollig, kurznäsig, in der Schnauze einen Strohhalm, der damals die Idee eines erwachsenen Knochens abgab und das Tier sichtlich mit Zuversicht erfüllte. Eine weitere Serie zeigt den Hund an seinem ersten Geburtstag, schmalgepickt und jugendlich. Die Bilder zeigen, daß der herrliche Hund, der mein Barolo ist, bereits vor zwei Jahren ein herrlicher Hund war – eine so blendende Einsicht, daß ich meinen alten Widerwillen gegen den Ankauf eines Photoapparats überwunden habe, damit ich mich in zwei Jahren bildlich daran erinnern kann, wie schön es heute war.

P. S.: Anna, die Tochter meiner Arbeitskollegin Hanna, hat die momentane Lebenssituation meines Hundes mit wenig Aufwand und viel Klugheit auf den Punkt gebracht. Sie nennt ihn freundlich und bezeichnend „Bürolo".

Das schönste am Besuch des Tierarzts ist,

wie mir der Barolo vertraulich mitteilt, das Schwanzwedeln nachher. Wenn das Brennen in der Schulter, wo die Anti-Bauchschmerz-Spritze angesetzt worden ist, langsam vergeht und das Portal der Strebersdorfer Tierklinik im Rückspiegel immer kleiner wird. In diesem Fall ist sogar das Heck vom Skoda ein kleines Paradies. Das Hecheln des Hundes ist entsprechend vergnügt, hie und da fragt er keck, ob wir eh auf dem Weg ins Schweizerhaus sind. Ja, sag' ich dann, wohin sonst, und dann freut sich der Hund über meine vielversprechende Antwort und wedelt noch um einen Gang enthusiastischer. In meinem Skoda sorgt das für feng-shui-mäßig erstklassige Vibrationen.

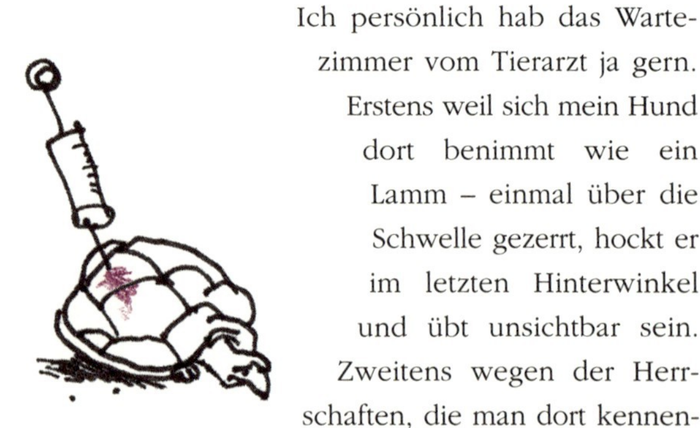

Ich persönlich hab das Wartezimmer vom Tierarzt ja gern. Erstens weil sich mein Hund dort benimmt wie ein Lamm – einmal über die Schwelle gezerrt, hockt er im letzten Hinterwinkel und übt unsichtbar sein. Zweitens wegen der Herrschaften, die man dort kennenlernt. Der Herr aus Liesing zum Beispiel, dessen Schildkröte Susi gegen chronische Müdigkeit behandelt werden mußte. Er ortete den Barolo trotz Unsichtbarkeit neben dem Schirmständer. „Was will uns dieser Hund sagen?“ fragte er die Anwesenden lautstark – und gab im Namen Barolos die einzig richtige Antwort: „Ich bin ein Schirm!“ Stimmt.

Wir lernten dann auch die Daisy kennen, den hustenden Yorkshire-Terrier, und einen Igel ohne rechte Schulter, aber der war weniger heiter.

Das Schweizerhaus haben wir uns dann für morgen aufgehoben.

meines Hundes für das schwüle Heißwetter, wo er am liebsten auf einem kühlenden Waschbetonboden, nämlich in meiner Hauseinfahrt im Weinviertel, herumliegt und die Zeit vergehen läßt.

1. „Good Dog, Happy Man“ von Bill Frisell. Die entspannteste Gitarrenmusik der Welt, die nicht aus Kuba kommt. Auch für die größte Hitze geeignet. Mit einem herrlichen Hund und einer Gitarre auf dem Cover.
2. „In cerca di cibo“ von Gianluigi Trovesi und Gianni Coscia. Schöne, sentimentale Ziehharmonika-Klänge aus Norditalien, und der schwarze Köter auf der Hülle kümmert sich ernsthaft um Kundschaft wie unsereinen.
3. (nämlich für dann, wenn gerade die Sonne untergeht) „Thimar“ von Anouar Brahem, John Surman und Dave Holland. Aaaaah: diese orientalisch, besinnliche Jazz-Abenddämmerung in Saxophon-Ausgabe. Fernweh-schwanger, erfrischend, ergreifend.
4. (für dann, wenn's schon dunkel ist) „Midnight Blue“ von Kenny Burrell, ein ewiger Klassiker des Meister-Jazzgitarristen. Coole Melodien, coole Gitarre, coole Stimmung. Da weht eine angenehme Brise durchs Zimmer.

5. (für wenn's ganz, ganz dunkel ist) „In The World" von Olu Dara. Nachmitternachtsblues, zuweilen karibisch verbrämt und von großer Nachsicht gegenüber allen menschlichen Schwächen.

Warum das die Lieblingsplatten vom Barolo sind? Weil sie sein Herrl glücklich machen, und weil der Barolo an nichts eine größere Freud hat als an seinem glücklichen Herrl.

Der Hund ist jetzt gut drei Jahre alt.

Wenn man für ein Hundejahr sieben Menschenjahre rechnet, dann ist er – mit unseren Maßstäben gemessen – 21. Unter Berücksichtigung der seit dem Geburtstag verstrichenen vier Menschenmonate sind das zirka noch einmal zweieinhalb Anrechnungsjahre, der Hund wäre also bald 24, womit er selbst in der Schweiz das passive Wahlrecht besäße. Es gibt allerdings auch Jahres-Wechselkurse, die das erste Hundejahr mit nur einem Menschenjahr aufrechnen. Soll heißen: Doppelt durchgerechnet ist der Barolo genau zwischen 17 und 24 Jahre alt.

Ich frage euch: Ist das ein Alter, um sich zu benehmen wie ein pubertierender Säugling?

Weil erstens: Daß der Barolo auf der Hundekackwiese im Dritten immer häufiger Interesse an immer kleineren Hunden zeigt, um sich auf diese draufzulegen. Die Würde des Erwachsenseins läßt er in diesen Situationen deutlich vermissen. So wie ich. Weil ich muß empörte Kleinhund-Besitzer mit hysterischem Sei-nicht-so-deppert-Barolo-Rufen besänftigen. Macht keinen schlanken Fuß.

Weil zweitens: Daß sich der Hund tagsüber nicht weiter als drei Meter von mir entfernt. Ein bissel mehr Gelassenheit sollte er in seinem Alter schon besitzen. Vor allem, wenn er vor der geschlossenen Klotür liegt

(Drinnen? Ich!) und wimmert. Weil drittens: Nachts. Dieses Links-Rechts-Gehechel. Aber nein, davon kann ich eigentlich gar nicht erzählen.

Seufz. Aber noch besteht Hoffnung. Der Hund ist ja erst drei.

– o ja, er ist ein feinfühliger Mensch, auch wenn er bei Festen als DJ fungiert und vorher tausend Schilling in Schlagerparaden-CDs investiert, und er kennt Wolfgang Petri persönlich! – bemerkte, daß der einzige Mensch, mit dem ich hochdeutsch spreche, mein Hund ist.

Besagter Kollege bemerkte das nicht nur, weil er aufmerksam und sensibel ist und Interesse am untadeligen Wirken seiner Vorgesetzten hat; er bemerkte das, um über die Tatsache hinwegzutäuschen, daß er dreißig geworden ist, ohne aber auch nur eine Spur erwachsen zu sein. Deshalb wollte er Lacher auf meine Kosten produzieren.

Okay. Das ist ihm gelungen. Alles Gute zum Geburtstag.

Ich habe mich in Folge beobachtet. Der Kollege hatte recht. Ich hole, sobald ich mit dem Barolo spreche, mein bestes Hannoveranisch aus dem Köcher. Nie im Leben würde ich dem Hund auf gut wienerisch „kumm" anschaffen, es muß „Barolo, kommst du!" heißen. Sitz, Platz, Steh, eh klar, aber auch *Muß-das-sein-Barolo-daß-du-schon-wieder-so-eine-Sauerei-machst* („Sauerei" versteht der Hund, danke für den Einwand).

Warum das so ist? Darüber klärte mich nach seiner

triumphalen „Zigeunerbaron“-Premiere der Schauspieler und Regisseur Heinz Marecek auf, der in der Branche seinerzeit als Experte für lautstarke Wutausbrüche galt. „Wichtigste Grundregel beim Schreien“, so Marecek, „niemals im Dialekt.“

Hast du das jetzt endlich verstanden, Barolo?

Der Hund liegt unter meinem Schreibtisch,

schaut ihn euch an. Schwarzglänzendes Fell, die Schnauze träumerisch ins Nichts zwischen den Tischbeinen gereckt. Aus den Augenwinkeln schaut er, ob ich mich nicht endlich ein bissel beweg', zum Beispiel ein Cola kaufen geh' mit ihm, was das Bewegungsminimum für diese Stunde darstellt (der Cola-Automat steht einen Stock tiefer).

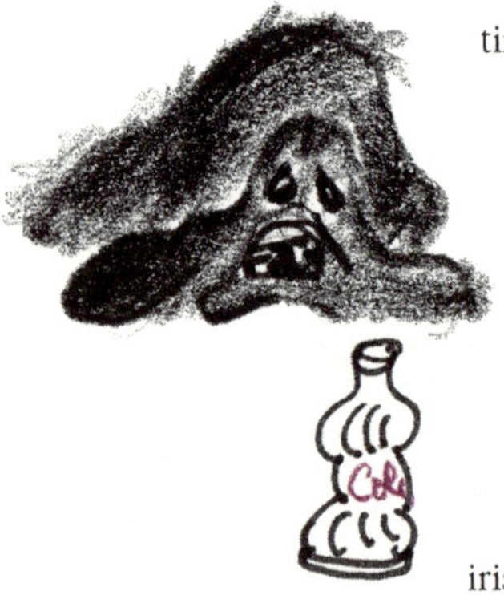

Ich schau' ihn grad so sentimental an, den Barolo. Weil ich hab' zum zwölften Mal das Gedicht gelesen, das vergangene Woche in der *Frankfurter Allgemeinen* erschienen ist. Es heißt *Carlo*, sein Autor ist der irische Nobelpreisträger Seamus Heaney, er hat es „auf meinen toten Freund" geschrieben:

„Der Jahrtausendwechsel/sagt Carlo wohl nichts./ Mir tut das Herz weh,/seh ich ihn: einäugig/und am ganzen Leib langsam,/Sein Gebell ist noch laut,/aber nicht mehr so rüde,/nicht das hüpfende ‚Raus hier!'/ der besten Jahre".

Das Gedicht hat 19 kurze Strophen. Es endet, wie's zu befürchten ist, und dieses Ende treibt dir, obwohl du's längst kennst, die Tränen in die Augen. Es geht drum, wie der Schwanz vom Carlo immer langsamer auf den Fußboden klopft – „ever more slowly/tumtumming the floor".

Der Kernsatz aber steht in der Mitte. Da sagt der Dichter, er habe „all das damals/nicht genügend geschätzt: wenn er einfach da war", und das mache ihn jetzt so traurig.

Diese Traurigkeit schenken wir uns, Barolo. Wir gehen jetzt Cola kaufen.

ZUERST DIE PRALLE HERRLICHKEIT.

Die Berge in ihrer schönsten Tracht, der Grundlsee abgründig lächelnd und mit 22 Grad so warm wie seit tausend Jahren nicht mehr. Der Bootsverleih hatte noch ein Ruderboot frei, das letzte …

Nicht daß der Barolo das Schiffernakel gern bestiegen hätte. Aber er *hat* es bestiegen. Er lag dann faul auf den Spanten, bauchfeucht, und schnappte nach Wespen.

Wer hätte vermutet, daß das Viech plötzlich aussteigt?

Nein, wasserscheu ist der Barolo nicht, aber bisher bevorzugte er immer das Bauchbad auf sicherem Grund. Und ich wußte wohl, daß der Hund schwimmen kann, nicht aber wie lange und wie ausdauernd. Wißt ihr das? Und seid ihr euch wirklich sicher, daß der Barolo von mitten im Grundlsee bis ans nächste, unerreichbar ferne Ufer kraulen kann?

Platsch. Ich auch im Wasser. Nehm' den Hund am Halsband. Versuch' ihn ins Boot zu hieven. Der Hund quietscht. Nur nicht ins Boot. Er schwimmt. Richtung Ufer. Ich daneben. Hand am Halsband. Herz in den Badehosen. Was um Himmels willen tu' ich jetzt? Wie soll ich einen vierzig Kilo schweren Köter über Wasser halten, wenn dem die Luft ausgeht und er langsam abtaucht? OGOTTOGOTT!

Es ging dann so aus: Ein bissel später sah der Barolo ein, daß ihm die Boots- besser als die Kraul-Lösung paßt. Er drehte um. Ließ sich über die in Schräglage versetzte Bordwand ins Boot zerren/schieben, legte sich dann, als wär' nix passiert, auf die Spanten und schloß die Augen.

Ich übrigens auch.

standen die Rückenhaare ganz exorbitant zu Berge, und er stemmte sich mit vollen 38 Kilo in die Leine, so daß ich mein ganzes Kampfgewicht dagegenhalten mußte, um nicht augenblicklich in die Tiefe des Raumes geschleift zu werden.

Weil dort hielt *er* sich auf. *Er*. Der Tigerkater von der Frau Sonnleitner. Der ist ein Trumm von einem Vieh, vermutlich nicht viel leichter als der Barolo selbst, und er tat etwas wirklich Bemerkenswertes: Nichts. Starrte dem an der Leine zerrenden Hund in die Augen und krümmte den Rücken langsam zu einem gewaltigen Buckel. Der Barolo wimmerte vor Kontaktfreude und hyperventilierte. Der Kater schwieg.

Nun gibt es wenige Lebewesen, die den Schritt meines Hundes so beschleunigen wie Haus- und Eichkätzchen. Er hilft ihnen gern auf die Sprünge. Was er mit ihnen täte, wenn er sie erwischte, weiß ich nicht. Ihre Kletterfähigkeiten bewahren mich vor Aufklärung.

Der Kater aber rührte sich nicht. Die Frau Sonnleitner räumte später ein, er sei etwas stur, weil Platzhirsch im zu verteidigenden Gasthof „Kellerwand", Kötschach-Mauthen. Aber das erklärte nicht die dominante Konsequenz, mit welcher er das hechelnde Interesse vom Barolo aussaß. Er machte es wie die Schlange Kaa in Walt Disneys *Dschungelbuch*. Spiralenaugen. Der Barolo torkelte und ging in die Knie. Der Zug an der Leine ließ nach. Die beiden Viecher lagen einander ruhig gegenüber. Endlos. Dann ging der Kater essen.

Erst abends, vor dem Einschlafen, brach der Barolo sein Schweigen. Er begann zu schnurren.

meines Hundes Barolo in der vergangenen Woche. Zuerst als DAS MOTIV am Heldenplatz.

Es war gerade dunkel geworden. Zu dieser Zeit ist der Heldenplatz an Schönheit nicht zu überbieten. Im Westen der helle Saum des Abendrots, das Rathaus märchenhaft ausgeleuchtet und die Hofburg elegant, bombastisch und beeindruckend. Ein spanisches Ehepaar fand das auch. ER richtete SIE vor der Nationalbibliothek gerade für ein schönes Erinnerungsphoto ein, als sich der Hund zu IHR gesellte. SIE fand das eine gute Idee. Der schwarze Hund würde das Ensemble komplettieren, für einen wertvollen „Kannst-du-dich-noch-an-den-herrlichen-Hund-erinnern?"-Seufzer in Sevilla oder Toledo. Der Hund? Er schaute direkt in die Kamera. Schaute in die Kamera und – und krümmte den Rücken. Ließ das Gewicht des Tages fallen, gerade als es blitzte.

Was das Ehepaar sagte? Ich weiß es nicht. Ich war schon weg.

Zwei Tage später als DAS GERÄUSCH bei der Generalversammlung. Gründung einer Firma. Viele Menschen in Anzügen und weißen Hemden. Der Hund draußen im Sekretariat. Bis ihm zu fad wurde. Eine junge Dame brachte … nun ja, der Barolo zerrte eine junge Dame in den Raum. Er wollte bei uns sein, den

Reigen der Wichtigkeiten durch seinen heißen Atem bereichern. Das klang dann so: ... bringt (hechel!) Anteile (hechel!) von (hechel!) fünfzig Prozent (hechel!) ein (hechel!) ...

Die Enttäuschung stellte sich beim Barolo erst später ein – keiner seiner Beiträge fand sich im Protokoll.

DAS IST JETZT EIN BISSEL KOMPLIZIERT.

Es dreht sich um Vorurteile und die zufriedenstellende Verblüffung, wenn sie tatsächlich stimmen. Zum Beispiel, wenn Zuhälter tatsächlich dicke Goldketterln tragen. Uuh, denkst du dir dann, der Film, in dem ich grad sitz', ist ja die Wirklichkeit. Cool.

Was also passiert, wenn du samt Köter bei einer Pädagogenfamilie eingeladen bist? Nach Hause? Wie soll der Barolo das Problem lösen, daß er sich die Schuhe nicht draußen am Gang ausziehen kann (harhar)?

Es ist sehr lehrreich.

Erste Lehre: Du sollst keine Vorurteile haben. Der Hund mußte sich die Schuhe eh nicht vor der Tür ausziehen (harhar).

Zweite Lehre: Pädagogik liegt im Blut. Weil zuerst hatte die Dame des Hauses, Musiklehrerin, vielleicht eine Hundeallergie. Dann fiel ihr auf, daß der Barolo eh ein Netter ist und im Zweifelsfall gegen Belohnung Befehle aller Art befolgt. Das heilte erstens die Allergie, und zweitens lernten der Barolo und ich, was es heißt, „down" zu sein. „Down" ist die Steigerung von „Platz" auf pädagogisch. Der Hund muß flach am Boden liegen wie eine Flunder und darf nicht einmal den Kopf aufrecht halten.

Es spricht nicht unbedingt für Barolos Auffassung von Würde, daß er den ganzen Abend wie ein Vietnamveteran durch die Wohnung robbte. Aber satt wurde er.

Und bei mir langten tags darauf die Beschwerden ein, daß der Hund so gehaart habe. Das war die dritte Lehre: Vertraue deinen Vorurteilen nicht zuwenig.

zur Zeit am liebsten für Musik hört, wenn wir von unserem Spaziergang zurückkommen:

1. Spaziergang *extended version* (etwa drei bis vier Stunden lang, weinbergaufweinbergab, wangenrötend, Erschöpfungsfaktor: ja): Wir zünden dann ein Feuer im Ofen an, trinken Tee mit Milch, und die wohlige Melancholie des Moments ruft nach „Everything and Nothing" von David Sylvian. Sanfte, pulsierende Klänge. Mit hypnotischer Stimme

vorgetragene Songs. Wunderschöne Melodien. 140 Minuten lang. Uuuuh. Bonus: der kokette Köter auf dem CD-Cover.

2. Spaziergang *Normalversion* (etwa anderthalb Stunden, leicht introvertiert, entspannend, Spaßfaktor: vorhanden, der Barolo hüpft auch bei Fastfrost ins Wasser und versucht, möglichst viel Lehm an seinen Pfoten nach Haus zu schleppen): Anschließend Vorbereitungen fürs Abendessen, evt. ein Glas Veltliner vom Rittler aus Kiblitz; Barolo in hellwacher Freßposition in Napfnähe, Musik: das phänomenale neue Album des Anouar Brahem Trio („Astrakan café"). Orientalisch gefärbter Slowjazz, cinemascopemäßige Assoziationen, würzige, kluge Klangschwaden. Der Hund freut sich über diese reizende Welt. Ich auch.
3. Spaziergang *kurz* (nur zum Pischen; eventuell im Regen, also beschwerlich. Versöhnungsbedarf: hoch): Dann legt der Hund persönlich das neueste Johnny-Cash-Album auf („Solitary Man"). Seine liebste Nummer ist „One". Meine auch. Wir fallen uns dann in die Arme und hören gerührt dem Man in Black zu. Beim Refrain singen wir mit.

in diesem Jahr zu entspannt ist, borgt euch ruhig einmal den Barolo aus. Dann könnt ihr eure Weihnachtseinkäufe unter verschärften Bedingungen absolvieren.

Er ist nämlich ein Hundsviech, der Hund. Kaum betreten wir den Laden für, sagen wir, Herrenoberbekleidung (ich hab' bei mir heuer noch einen Wunsch frei), tut er wohlerzogen und durstig. Läßt sich nach einem strengen Blick von mir auf den Bauch fallen und hechelt. Schlabbert die eilig herangeschleppte Wasserschüssel leer. Das bricht jedem Mantelverkäufer das Herz.

Mir hingegen rutscht dasselbe in die Hosen, wenn ich sehe, daß es sich nur um ein kluges Ablenkungsmanöver des Hundes gehandelt hat. Weil nämlich: sobald der Barolo sich aus den Augen gelassen fühlt, widmet er seine Aufmerksamkeit den im Mantelfachhandel reichlich vorhandenen Gürteln, Laschen und Schlaufen. Er robbt unter die Stellagen mit den längeren Ausstellungsstücken und glaubt, er sei im Dschungel. Bemächtigt sich der Lianen und schwingt von Burberry zu Burberry. Vor allem im House of Gentlemen stieß diese neckische Tarzanerei auf pure Freude – ich konnte mich nur unter hartnäckigem Hinweis auf die Superklasse-Imprägnierung, die mir eine Minute vorher heftig ans Herz gelegt worden war, um die Anschaffung eines mir bis zirka zu den Ellenbogen reichenden Mantels drücken.

In der Blumenhandlung fraß der Barolo dann eine Kerze vom Adventkranz, das machte nur deshalb nix, weil der erste Advent eh schon vorbei war. Ich konnte sogar einen Rabatt für Vorführgeräte aushandeln.

Doch. Der Barolo und ich haben den Advent sehr, sehr gern.

nicht darum herum, eine Bilanz des Jahres anzufertigen und in Listen zu füllen. Ihr habt das bekanntlich gern (und der Barolo hat's auch gern; er liebt

1. Kürze und Übersichtlichkeit,
2. kleine Happen,
3. daß er nicht nur die Hitparade, sondern auch deren Wichtigkeit für die eigene Befindlichkeit in eine Ordnung bringen darf. Welcher Hund kann das schon?).

A) *Nahrungsmittel.* 1. Inhalt des Napfes in der Gaststätte Sodoma/Tulln. 2. Inhalt des Plastiksackels vom Kollegen next door (der wollte einen Weihnachtsstollen vom Demel verschicken). 3. Inhalt jedes sonstigen Napfes, aber bei Trockenfutter wird er immer wählerischer.

B) *Spaziergänge.* 1. Die Bergsteigerei im Lesachtal, dorthin, wo der Blick auf die Lienzer Dolomiten so frei und beglückend war. 2. Der Marsch von Drosendorf nach Raabs/Thaya, feucht und spaßig und ohne Ende. 3. Die doppelt absolvierte Uferstrecke bei Bernried am Starnberger See. Dort sind die Ufer, die der Hund liebt: zum langsam ins Tiefe waten, auch bei vier Grad.

C) *Andere Tiere.* 1. Kleinere Hunde. 2. Eichhörnchen im Prater, die den Hund aus der Baumkrone verhöhnen, aber er fühlt sich echt gefährlich. 3. Der Maulwurf im Weinviertel, der sich im Sommer wirklich fast fangen ließ.

Jürgen Trittin hat zugegeben, daß er im Deutschen Herbst, als die Terroristen der RAF ihre Morde an Vertretern des verhaßten Großkapitals verübten, darüber „klammheimliche Freude“ verspürt hat. Davon muß er sich jetzt laut distanzieren, recht so.

Dafür hat mir Trittin das schöne Wort von der „klammheimlichen Freude“ aus dem Aquarium der verlorenen Begriffe gefischt, und ich kann's gerade so gut brauchen.

Weil: Wo ich wohne, regiert ein Hausmeister mit eiserner Strenge. Wir Hausparteien müssen, bevor wir den gatschigen Parkplatz betreten, die Schuhe abputzen, und wenn wir nach neun Uhr abends heimkommen, brauchen wir ein Attest vom Arbeitgeber. Ebenso aufmerksam

wacht der Hausmeister über die Hortensien-Beete im Hof – jene Sträuche, die mein Hund Barolo morgens gern besprengt. Wenn ihm der Hund in die Hortensien geht, sagt der Hausmeister, schießt er.

Aber, hey Hausmeister, gestern abend hast du geschlafen. Es war eiskalt und regnete. Der Fußmarsch zur Hundescheißwiese war niemandem zuzumuten (speziell mir nicht), deshalb suchten der Barolo und ich im Schutz der Dunkelheit den Parkplatz auf. Dann haute der Hund ab. Ich pfiff (leise) und rief (sehr leise), aber der Barolo hatte zu tun. Jedoch: Wo? Und: Was genau?

Nur soviel: Was ich neben der Fahrertür des Hausmeisterautos entdeckte, erfüllte mich mit klammheimlicher Freude, und abstreiten werde ich das so glaubwürdig wie der Hausmeister, der ganz sicher leugnet, daß er heut früh auf seinem Musterparkplatz in die Scheiße gestiegen ist.

verbringt jetzt zwei Wochen in guter, großer Gesellschaft. Er nistet sich begeistert unter dem voluminösen Tisch ein, an dem zwölf Menschen zweimal täglich sehr wenig essen. Er plündert unsentimental den Mistkübel, in dem praktisch nix drinnen ist, klaubt die Butterpapierln zwischen den Semmelbröseln heraus und reinigt sie vom kümmerlichen Fettrest.

Darüber hinaus verteilt er Zuneigung. Der Herr Karl, der als einziger Mensch der Welt eine kalorienfreie Erdäpfelsuppe kochen kann, wird bei jedem Auftritt im Eßzimmer nachhaltig verbellt, während der Herr Ostbahn dem Barolo nachvollziehbar ans Herz gewachsen ist. Er will ihn küssen. Oft. Eigentlich immer, wenn er ihm begegnet.

Der Herr Ostbahn hat, wie er versichert, einiges für den Hund übrig, erwidert dessen Form der Zuneigung allerdings nicht. Er legt weder Wert auf Barolos Servus-Bussis noch auf Zungenküsse.

Saß der Herr Ostbahn also im tiefgelegten Fauteuil und studierte den neuen *Asterix*. Der Hund ortete seinen Freund schon an der Türschwelle und äußerte feuchte Begeisterung. Der Herr Ostbahn, ungnädig, sagte nicht mehr und nicht weniger als: „Barolo, kannst mi ned a bißl am Oasch lecken?"

Wie der Hund diesen Affront wegsteckte?

Er bewies Haltung und Verständnis, schlich sich bäuchlings an den Ostbahn an und versenkte die lange, rosa Zunge in dessen Gehörgang.

Seid also in Hinkunft vorsichtig, dem Barolo das Ohrschlecken anzuschaffen.

spielen sie Gershwins „Walking the dog“, und bei mir läuft das Telefon heiß. Was ist jetzt, fragt ihr, mit der Barolo-Winterbilanz? Wie lang müssen wir noch auf die wunderbaren, feinen Musikhinweise unseres Lieblingshundes warten?

Schon gut, hier sind sie.

Barolos favourites: Winterkönig ist eine schon ein bissel angegraute Folkplatte: Sie stammt von der Band Good Dog, Bad Dog und heißt „Over the Rhine“. Der Barolo mag den hundeliebenden Schwarz-Weiß-Umschlag, er erkennt sich drauf nämlich wieder – und das Herrl liebt die melancholisch schwebende Grundstimmung der Mu-

sik, die eigentlich nur auszuhalten ist, wenn man neben dem Feuer sitzt und von später im Jahr träumt. Diese Kombination schätzen der Barolo und ich über die Maßen (das Album ist nicht ganz leicht zu kriegen, sicher aber via amazon.com).

Platz 2 belegen Smashing Pumpkins mit „Adore“, auch nicht ganz frisch (aber uns Hübschen eben erst bekannt geworden). Eine wunderbare Geschichte vom mit Amphetaminen vollgepumpten Hund Annie („Annie-Dog“), die den Barolo unheimlich stolz macht, weil er immer, wenn's um Hunde geht, glaubt, es geht um ihn, und irgendwie stimmt das ja auch.

Platz 3: the legendary Marvin Pontiac. „Greatest Hits“. Kennt nicht einmal mein CD-Dealer bei „Ton um Ton“. Angeblich Blues aus den siebziger Jahren (der Künstler selbst ist schon seit 1977 tot). Seine tiefe, beschwörende Stimme haut unsereinen völlig um – und den Barolo auch, weil zufällig heißt Track Nr. 1 „I'm a doggy“, ich bin ein Hündchen. Wenn das so klingt, Leute, dann will ich auch eines sein.

Die schon kolportierte Nachricht,

daß die abgeworfene Winterhaarpracht meines Hundes zum größeren Teil im Staubsauger landet (der kleinere Teil wird gerade in Coca-Cola-Flaschen gefüllt und zu frischer Almbutter verpackt, zumindest befinden sich Barolos Haare zuhause u. a. an genannten Stellen), hatte Folgen.

Uns erreichte folgende Botschaft: „Haben Sie schon daran gedacht, die Haare zu sammeln, zu verspinnen und aus der Wolle eine Weste stricken zu lassen?"

Nun werde ich nicht gern gehäkerlt (beachtet den im konkreten Zusammenhang geradezu unwirklichen Wortwitz). Also schrieb ich zurück: „Lieber Herr, pflanzen Sie wen andern." Weil ich aber nicht ganz sicher war, ob er mich wirklich nur häkerln wollte, fügte ich herablassend hinzu: „Oder schicken Sie Beweise."

Postwendend die Antwort: „Überprüfen Sie folgende Homepage: www.baerbach.de."

Gesagt, getan. Am Bildschirm empfing mich eine schicke Neufundländer-Information mit folgender Gebrauchsanweisung: „Sammeln Sie Ihre Hundehaare möglichst in einem Stoff- oder Papierbeutel, ab und zu eine Lage Mottenpapier dazwischen legen. Ich säubere, kämme, verspinne, verzwirne und wasche die Haare zu strickfertiger Wolle."

Klingt ja echt ausprobierenswert. Aber wo ist der Haken?

www.baerbach.de: „Behandeln Sie Ihr fertiges Strickstück wie Ihren Hund, dann ist alles in Ordnung.“

Dacht’ ich mir’s doch. Das wird meine erste Strickjacke, die ich täglich füttern muß.

Bock. Bock. Bock. Das Geräusch kommt ... aus der Küche? Nein. Aus dem Vorzimmer ... auch nicht. *Bock. Bock. Bock.* Ein noch nie gehörtes Geräusch. Es klingt, als hämmere jemand nebenan mit dem Schuhabsatz einen Nagel in die Wand, aber ... nein. Das Hämmern hat einen unscharfen Rand. Das Geräusch reißt nach hinten aus, als schmatze der Absatz beim Hämmern. Aus dem Badezimmer? Nein! Auch das Badezimmer ist leer, und meine Vermutung, daß sich der Nachbar mit einem nassen Fetzen den Rücken stärkt, ist bei aufmerksamer Anhörung nicht haltbar.

Bock. Bock. Bock. Das Geräusch wird lauter. Ist die Gasleitung undicht? Droht ein Wasserrohrbruch? Hat sich der Nachbar einen Drum-Computer angeschafft?

Den Kopf weit aus den Schultern gereckt, die Nasenflügel gebläht, die Ohren gespitzt wie Mister Spock persönlich, schleiche ich auf Socken durch den Flur, auf der Suche nach bock. bock. bock, und … wo ist eigentlich der Hund? Typisch: Sobald man ihn zur Verteidigung des Hauses bräuchte, ist er nicht da, aber um vier Uhr früh den *Kurier*-Lieferanten verbellen.

Da. Die Klotür ist einen Spalt offen. Dahinter: Gar kein Zweifel. Das Geräusch ist immer deutlicher zu hören, dumpf und plastisch, drohend und unerklärlich, und ich fasse mir ein Herz und reiße die Tür mit einem Ruck auf … und schaue in die samtigen, braunen Augen meines Hundes Barolo, der jedoch nur für einen Moment seine Erfrischung unterbricht und gleich wieder mit kräftigem Zungenschlag das Wasser aus der Kloschüssel weitersäuft.

und liegt nackt in der Sonne. Was tut man nicht alles für eine gesunde Farbe. Schläfrig beobachtet er, wie ich mich mit Laptop, Handy und Infrarotschnittstelle herumschlage, um ein nicht weiter wichtiges Schriftstück drahtlos ans andere Ende des Landes zu befördern.

„Was machst du eigentlich, wenn du fünfzig bist?"

Wenn der Barolo etwas wissen will, kommt er ohne Umschweife zum Punkt. Klar gibt es gewitztere Fragen, aber erklär einmal einem Hund, der dann vierzehn ist, daß du in zehn Jahren längst auf der sicheren Seite sein wirst. Keine Fronarbeit mehr, kein Herumwursteln mit Dingen, die den Aufwand nicht verdienen, kein Zeitmanagement, das dich ständig in Sauerstoffnot hinterläßt; dafür Zeit für die großen Entwürfe, die wirklich wichtigen Angelegenheiten, eine Zukunft, die ... Kennt ihr den Tom-Petty-Song „Into the Great Wide Open"? So.

„Aha", sagt der Barolo, rupft sich einen Grashalm aus der Wiese und verzehrt ihn. Er macht sich nicht einmal die Mühe nachzufragen, wie ich mir so eine Zukunft praktisch vorstelle, er weiß, daß ich dafür keine Erklärung habe. Der Barolo ist nämlich sehr praktisch. Träume hält er für Kinderkram, und wer Visionen hat, braucht einen Arzt (genau, der Satz stammt in Wahrheit von ihm). Wissend lächelt er mich an und zitiert statt einer weltlichen Maßregelung Herrn Ostbahn: „Es ist nie zu spät für eine glückliche Kindheit.“

Er hat ja recht, aber ich mag es nicht, wenn mein Hund klüger ist als ich. Deshalb schick ich den Klugscheißer spätestens jetzt zum Billa, Sonnencreme kaufen, er ist schon ganz schwarz.

DIESES THEATER,

das der Barolo auf dem Bahnhof macht. Kaum ist der Hund aus dem Kofferraum ausgestiegen, wittert er die drei großen A der Sentimentalität. Ankunft. Abfahrt. Anker. Stimmt schon, die Vorliebe des Hundes für die Ankerschen Schinkencroissants und Butterstriezeln ist eher weltlich und sentimental nur insofern, als er eh nie was kriegt. Sein Gefühl für Familienzusammenkunft beziehungsweise Trennungsschmerz ist allerdings weitaus feiner entwickelt als nur auf dem Niveau, daß sich der Barolo freut, weil er sich über alles gern freut. Der Bahnhof ist Spezialareal (klingt flüssig, das Wort), deshalb freut sich der Barolo auch, wenn ich mir nur die neue *Titanic* kaufen geh' im Bahnhofsbuchhandel.

Oder aber Bahnsteig 8, Zug aus München: die Vorfreude, wie sie Gott erfunden hat. Der Hund an der Leine, horcht mit Mühe auf „Sitz", der Wedelschwanz fegt den Bahnsteig, und, haltaus, reißt sich der Hund los, rast auf irgendwen zu, den er noch nie gesehen hat, begrüßt die Dame auf den Hinterpfoten, nur, ähh, wer ist die Dame? Das fragt sich auch der Hund, aber nur kurz, und während die heftig begrüßte Bayerin inzwischen jeden Zweifel darüber ausgeräumt hat, daß ganz Österreich einen Knall hat, steuert der Barolo bereits sein nächstes Ziel an, und wenn ich nicht gegen jede Wette noch ein Ende der Leine derwische, hätte der Hund auch noch einen garantiert bei Herrn Mooshammer erworbenen Pfui-Teufel-Trenchcoat versehrt, aber uff.

Dann kam eh schon die richtige Dame, da war die Freude vom Hund Gott sei Dank schon etwas abgearbeitet, das war meine Chance, und ich hab' sie genützt.

Der Illustrator

Gerhard Haderer ist einer der bekanntesten Cartoonisten Österreichs. Seine Arbeiten erscheinen u. a. in *stern*, *profil* und *trend*. Lebt in Linz.

Der Autor

Christian Seiler, Jahrgang 1961, ist Chefredakteur des Nachrichtenmagazins *profil.* Im Verlag Christian Brandstätter erschien sein Band *Wie träume ich tag? Gebrauchsanweisungen für den nie alltäglichen Alltag*. Lebt in Wien und im Weinviertel.

Die Deutsche Bibliothek - CIP-Einheitsaufnahme
Ein Titelsatz für diese Publikation ist bei
Der Deutschen Bibliothek erhältlich.

1. Auflage

Der Entwurf des Schutzumschlages stammt von
Gerhard Haderer, die graphische Gestaltung des Werkes
sowie das Lektorat von Barbara Sternthal. Die technische
Betreuung oblag Franz Hanns. Die Reproduktion der Abbildungen erfolgte bei Pixelstorm, Wien, der Druck des
Werkes beim Wiener Verlag in Himberg. Gesetzt
wurde aus der Garamond 9,5 auf 14 Punkt.

Copyright © 2001 by Verlag Christian Brandstätter, Wien
Alle Rechte, auch die des auszugsweisen Abdrucks oder der
Reproduktion einer Abbildung, sind vorbehalten. Das Werk
einschließlich aller seiner Teile ist urheberrechtlich geschützt.
Jede Verwertung ist ohne Zustimmung des Verlages unzulässig.
Dies gilt insbesondere für Vervielfältigungen, Übersetzungen,
Mikroverfilmungen und die Einspeicherung und
Verarbeitung in elektronischen Systemen.
ISBN 3-85498-130-9

Christian Brandstätter Verlagsgesellschaft m.b.H.
A-1010 Wien, Schwarzenbergstraße 5
Telephon (+43-1) 512 15 43-0
Fax (+43-1) 512 15 43-231
e-mail: cbv@oebv.co.at
Internet: www.brandstaetter-verlag.at